親子で学ぶ

どうしたらお金持ちになれるの？

人生という「リアルなゲーム」の攻略法

橘玲

Tachibana Akira

筑摩書房

登場人物紹介

プレイヤー（君）

ライバル

パパ

ママ

アリ君

キリギリス君

太郎君

花子さん

ブローカー

お金持ちの子ども

はじめに　あんな大人になるんじゃないぞ

ずいぶん前の話ですが、那覇《なは》から東京に戻《もど》る最終便が大幅《おおはば》に遅れたことがありました。

羽田空港に着いたときは、電車やバスはとっくに終わっていました。しかたがないのでタクシー乗り場に行くと、案の定、長い列ができています。

列の先頭では拡声器をもった係員が、「ここで待っていても車は来ません。自分で手配してください」と叫《さけ》んでいました。不思議に思ったのは、それにもかかわらず、列に並んでいたひとたちがまったく動こうとしないことでした。

たまたまタクシー会社の共通チケットをもっていたので、そこに載《の》っている番号に順に電話してみました。

運よく2件目の会社で空港に向かっている車が見つかって、10分ほどで乗ることができました。その間、タクシー乗り場に車は1台も来ませんでした。

そのとき思ったのは、私のようにタクシー会社に電話するひとがいると、空港に向かう車はすべて押《お》さえられてしまうのではないか、ということでした。だとしたら、黙《だま》って列に並んでいるひとたちはいつまで待つことになるのでしょうか。

そう考えると、深夜12時過ぎの長い列になにか不気味なものを感じました。

近所のスーパーに自動レジができたときも、似たような体験をしました。

最初のうちは、自動レジはがらがらなのに、数を減らされた対面レジには長い列ができていました。自動レジにはスタッフが待機していて、使い方がわからなければ親切に教えてくれるのだから、なぜわざわざ時間のかかる対面レジに並ぶのか不思議でした。

そのスーパーは1階が雑貨、地下が食料品売り場で、どちらでも精算できるようになっていました。

あるとき、雑貨を買いにいったらレジスターが故障したらしく、店内を半周するくらいの列ができていました。そこでエスカレーターで地下に降りて、がらがらの自動レジで精算し、1階に戻ったら列はさらに長く伸《の》びていました。

しかし、話はこれで終わりではありません。その後、さらに奇妙《きみょう》な光景を目にすることになったのです。

しばらくすると、使い方に慣れたのか、買い物客の多くが自動レジに並ぶようになりました。するとこんどは、対面レジを使うひとがいなくなったのです。

その日も、いつものように自動レジには長い列ができているのに、対面レジには誰もいませんでした。私がそこで精算していると、小学生の男の子を連れた父親が私のあとに並びました。

おしゃれなジャケットを着て、仕事帰りらしくブランドものの革のバッグをもった父親は、自動レジの長い列に目をやると、子どもにいいました。

「いいか、あんな大人になるんじゃないぞ」

このとき、本書の企画《きかく》が生まれました。

この本では、親が子どもと簡単なゲームをしながら、これから「人生というリアルなゲーム」を攻略《こうりゃく》するときに、ほんとうに役に立つ知識を教える方法を解説しています。

正直にいうと、ここで書いたようなことを理解できたのは、30代の半ばを過ぎた頃でした。それまでは、「好きなことをやっていれば、なんとかなるだろう」と思っていたのです。

その後、成功しているひとはみな、多かれ少なかれ、共通の考え方をしていることに気づきました。それをひと言でいえば、「合理的に考える」になるでしょう。

なぜなら、わたしたちが生きている市場《しじょう》経済の世界は、合理的に考えるひとがお金持ちになるような仕組みになっているからです。

経済合理性というのは、ものすごく簡単にいうと、1＋1＝2ということです。「なんだ、そんなの当たり前じゃないか」と、笑ったかもしれません。でも大人になると、1＋1は3だとか、極端《きょくたん》な場合は100になると思っているひとがたくさんいることに気づくでしょう。

そして、市場経済の残酷《ざんこく》な世界では、1＋1＝2だという現実をちゃんと受け入れることができないひとは、カモとしていいように扱われ、失敗を繰《く》り返し、なにもかもうまくいかなくなって、いつのまにか消えていくのです。

逆にいうと、1＋1＝2だという事実をもとに未来を考えることができるだけで、経済的に不合理なライバルに大きな差をつけられます。

もちろん、10歳でこの知識をもっていれば必ず成功できる、とはいえません。ただ、「他人《ひと》と同じように長い列に並ぶ人生」にはならないことは約束できます。

なお、この本は小学生（高学年）や中学生でもわかるように書いています。忙《いそが》しくて子どもとゆっくりゲームをする時間がないのなら、「これを読むとお金持ちになれる（あるいは、生きるのが楽になる）みたいだよ」と、子どもに渡《わた》してもいいでしょう。

目次

はじめに　あんな大人になるんじゃないぞ　1
この本を正しく使ってもらうために　13

ステージ 1
なにかを選べば、別のなにかをあきらめなければならない　14

☑ トレードオフを理解する　レベル●　14
ゲームにはルールがある／「奪う」と「あきらめる」「はたらく」と「借りる」／ズルをする／「交渉する」

コラム 子どもに「お金はなぜ大事なの？」と聞かれたら　21

✤ コスパを学ぶ　レベル●　22

✤「ギブ」と「テイク」を学ぶ　レベル●●　23
お金をギブしてもいいときと悪いとき

✤「世界」の仕組みを学ぶ　レベル●●●　25
「わたし」は世界の中心

☑「タイパ」を理解する　レベル●　30
タイムパフォーマンス／親子の利害は対立する

✤友だちの法則を学ぶ　レベル●●●　34
「世界」の人数は150人／時間資源の配分問題

ステージ2
お金はどのように増えていくのか　39

☑複利を理解する　レベル●　39
アリ君とキリギリス君の運命／複利は「人類最大の発明」

コラム　子どもに「なぜ勉強しなくちゃいけないの？」と聞かれたら　43

コラム　子どもに「AIがあるから勉強なんかしなくていい」といわれたら　45

ステージ 3

楽しいことはすぐに慣れてしまう 47

☑ 限界効用《げんかいこうよう》の逓減《ていげん》を理解する レベル● 47
楽しさはすこしずつ減っていく／お金が増えると幸福になるのか

☑ 「努力の限界効用の逓減」の法則を理解する レベル●● 51
努力は報われるのか／ゼネラリスト戦略／スペシャリスト戦略

✤ロングテールの仕事とベルカーブの仕事を学ぶ レベル●● 56
大谷翔平はロングテール／仕事を成功確率で考える／「夢を追う」ということ

ステージ 4

人生で大事なことはすべてギャンブルが教えてくれる 63

☑ 確率的な出来事を理解する レベル●● 63
確率的な出来事と因果的な出来事／統計学のパワー／ゼロサムゲームの世界観

✤ゲームのコストを学ぶ レベル●● 70
カジノは必ず得をする

コラム 子どもに「なぜギャンブルをしちゃダメなの？」と聞かれたら 74
「ぜったい儲かる」ゲームはぜったい損する
コラム 子どもに「なぜ約束を守らないといけないの？」と聞かれたら 77
コラム 子どもに「なぜ親のいうことをきかないといけないの？」と聞かれたら 79
☑ リスパの法則を理解する レベル●●● 81
勝ったときのことよりも、最悪のことが起きたときのことを考える／ハイリスクに挑戦する／確率のわからない不確実な世界

ステージ 5
時間には値段がある 90

☑ 金利というタイムマシンを理解する レベル●● 90
「いまのお金」と「未来のお金」／タイムマシンでゲーム機を手に入れる
タイムマシンの乗車賃を計算する／お金を貸すひと借りるひと
✤「未来の自分」を大切にすることを学ぶ レベル●● 99

コラム　子どもに「どうすれば成功できるの？」と聞かれたら　101

☑ レバレッジを理解する　レベル●●●　103
てこを使ってお金を増やす／よいこともヒドいことも倍になる

コラム　子どもに「なぜ借金しちゃいけないの？」と聞かれたら　106

ステージ6
市場《しじょう》でお金を生み出すには　108

☑ 市場取引を理解する　レベル●　108
キノコと魚の交換《こうかん》／世界をゆたかにするパワー

✤ ブローカーの役割を学ぶ　レベル●　112
ブローカーの報酬《ほうしゅう》／市場はゆたかさを生み出す場所／もっとも大事なメッセージ

✤ 「選択《せんたく》」と「自由」を学ぶ　レベル●●　117
ボロ儲けするブローカー／自由とは選択できること／友だちを選択する

✤アイデアとネットワークの交換を学ぶ　レベル●●　121
アイデアを公開する／友だちを紹介《しょうかい》する

ステージ7
はたらくってどういうこと？　126

☑仕事と報酬《ほうしゅう》の関係を理解する　レベル●　126
コラム 子どもに「なぜお手伝いをしなくちゃいけないの？」と聞かれたら　128
エントロピー増大の法則／よい習慣をつくる
✤なぜお金を払《はら》ってくれるのかを学ぶ　レベル●　133
「必要としていないし、楽しくもないこと」にお金を払ってくれるひとはいない／「お金で釣《つ》って勉強させる」は効果がある？／勉強をゲーム化する
☑人的資本を理解する　レベル●●　140
人的資本は3つある

コラム 子どもに「なぜ大学にいかなくちゃいけないの？」と聞かれたら 144
小さな失敗では人生は変わらない

✤ 分業で人的資本にレバレッジをかけることを学ぶ レベル●●● 148
分業とは人的資本にレバレッジをかけること／正しいシグナルを発する

✤ 絶対《ぜったい》優位《ゆうい》と比較《ひかく》優位《ゆうい》を学ぶ レベル●●● 154
人間関係を選択《せんたく》する

ステージ 8
ハックする 160

☑ ニッチ戦略を理解する レベル● 160
99％の習慣に従い、１％の習慣を疑え／自分だけのニッチを見つける

✤ ヒーローテストを学ぶ レベル● 167
クールなハッカーを目指せ／ヒーローがしないことはやらない

✤ＳＮＳ社会をどう生き延びるかを学ぶ　**レベル●●**　171
説明責任とはなにか？／「よい評判を集めること」と「悪い評判を避《さ》けること」

特別ステージ

人生で役に立つ７つの法則　175

☑ これを知っているだけで人生は楽しくなる　**レベル∞**　175

❶１００倍の法則　175
❷「奇跡《きせき》は起きない」の法則　178
❸「君は友だち５人の平均」の法則　180
❹「わたしはわたし」の法則　181
❺トライ・アンド・エラーの法則　183
❻「世界は理不尽《りふじん》である」の法則　185
❼「恵《めぐ》まれていないほうが人生は面白い」の法則　187

あとがき　190

この本を正しく使ってもらうために

この本の目的は、家庭という安全な場所で、子どもが市場経済（他人の世界）のルールを体験できるようにすることです。

それぞれの項目《こうもく》は、難易度に応じて**初級（レベル●）**、**中級（レベル●●）**、**上級（レベル●●●）**の3段階に分けてあります。

最初に初級レベルを教えて、中級、上級と徐々《じょじょ》にレベルを上げていく使い方もできます。

すべての項目は関連しているので、最初から順にクリアしていったほうが、理解が深まるかもしれません。

ここで紹介《しょうかい》するゲームは、それぞれのメッセージを子どもに伝えるための例です。子どもは千差万別なので、お子さんに合うように自由に変えてお使いください。

これらのゲームを子どもが理解するには、**「人生の資源（お金や時間）は有限である」**ということを、自分で体験している必要があります。

そのためには、子どもにはおこづかいの範囲《はんい》内《ない》で、現金で買い物をさせるようにしましょう。クレジットカードやスマホのアプリの支払《しはら》いでは、このいちばん大事なルールがわからなくなってしまいます。

ステージ1 なにかを選べば、別のなにかをあきらめなければならない

☑ トレードオフを理解する

レベル●

ゲーム1-1

テーブルの上にリンゴとミカンを1つずつ置く。2人のプレイヤー（君とパパ／ママ）はそれぞれ百円玉を1つもっている。リンゴとミカンの値段がどちらも100円だとして、2つとも欲しいときはどうすればいいか？（図1）

これは、「限られたお金で欲しいものを手に入れるにはどうするか」という「資源《しげん》制約」の問題です。

図1　リンゴとミカンのトレードオフ

「お金」という資源に制約があるので、リンゴを買うとミカンが手に入らなくなります（逆も同じ）。

この「あちら（リンゴ）を手に入れればこちら（ミカン）が手に入らない」という状況《じょうきょう》を**「トレードオフ」**といいます。

ゲームにはルールがある

人生というゲームを攻略《こうりゃく》するときに、最初に学ばなければならないのは、「**どんなゲームにも、与《あた》えられた条件と決められたルールがあり、勝手に変えることはできない**」という約束事です。

すべてのゲームが、プレイヤーができること、できないことを決めています。なんでも好きなことができるなら、そんなゲームはぜんぜん面白くないでしょう。

だからこのゲームでも、百円玉を2個にしたり、リンゴとミカンの値段を50円にすることはできません。こういう都合のいい〝裏技《うらわざ》〟がないことを**「現実（リアル）」**といいます。

市場《しじょう》とは、お金を介して売り手と買い手がモノやサービスを交換《こうかん》する場所です。だから、「親からお金をもらえばいい」というのもなしにしましょう。**市場には「他人」しかいない**からです。そうなると、このゲームには次の5つの攻略法しかありません。

①奪《うば》う

パパから百円玉を奪って君のお金を200円にするか、100円でリンゴを買ったあと、パパのミカンを奪えば欲しいものがどちらも手に入る。

②はたらく

なにかの仕事をしてママから100円のおこづかいをもらい、手持ちのお金を200円にする。

③借りる

パパから百円玉を借りることができれば、手持ちのお金は200円になり、リンゴとミカンを両方買える。

④あきらめる

リンゴかミカンのどちらかをあきらめるのが、もっとも簡単な解決法。

⑤交渉《こうしょう》する

君がリンゴを買い、ママがミカンを買ったあとで、それぞれ半分ずつ交換すれば、欲しいものが（半分だけど）手に入る。

「奪う」と「あきらめる」

このなかでは、①の「奪う」が圧倒的《あっとうてき》に魅力的《みりょくてき》です。なにしろ、いますぐ簡単に欲しいものが手に入るのですから。

だからこそ、市場の取引ではこれがルール違反《いはん》だと理解しておかなければなりません。法律とは、取引において「奪う」という反則を禁じるためのものです。

「奪う」すなわち暴力の禁止は、わたしたちの社会の基本的な約束事です。

友だち同士でこのルールを無視すると、みんなからハブられます。大人になってからこのルールに違反すると、（最悪）逮捕《たいほ》されて刑務所《けいむしょ》に行くことになります。

④の「あきらめる」は、たぶん最初に思いつくでしょう。実際、ほとんどのトレードオフはこれで解決されているし、それでうまくいきます。冷静に考えれば、リンゴとミカンを両方食べなくてはならない理由はないのです。

でもこれでは話が終わってしまうので、「（「奪う」以外で）どんなことをしてでもリンゴとミカンを手に入れなくてはならない」という条件で、もうすこし考えてみましょう。

「はたらく」と「借りる」

②の「はたらいてお金を手に入れる」を思いついたら、「晩ごはんの後片づけをするから、おこづかい１００円でどう？」とパパやママに提案できます。

これはよいアイデアですが、リンゴとミカンを手に入れるのに、晩ごはんのあとまで待たなくてはなりません。そのときには、お腹がいっぱいでどちらも欲しくなくなっているかもしれません（お腹がすいているいま、欲しいのです）。

③の「お金を借りる」もよいアイデアですが、パパやママに「その百円玉、貸して」と頼《たの》んでも、「返してくれるかどうかわからないから、イヤだよ」といわれるでしょう。

お金を借りようとすれば、それをちゃんと返す約束をしなければなりません。

この2つを組み合わせると、「パパかママに100円を借りてリンゴとミカンの両方を買う。晩ごはんの後片づけをしておこづかいをもらい、それで100円を返す」という攻略法にたどりつきます。

ズルをする

このとき、「後片づけをさぼって、借りた100円を返さない」というやり方も考えられます。リンゴとミカンを食べてしまったのだから、面倒《めんどう》なことをする理由はない、というわけです。

でもそんなことをすると、パパやママは二度と君の約束を信用しなくなるでしょう。いちどズルをすると、「どうせまたズルするにちがいない」と思われて、誰からも相手にしてもらえなくなります。それとは逆に、きちんと約束を守ると、次も守ってもらえると思われます。これが**「信用」**です。

市場では、「信用」がものすごく大事になります。

みんながズルをするようになると、市場というゲームはうまくいかなくなってしまいます。

でも、全員がルールを守っているときに、自分だけズルできると、ものすごく有利です。――みんなが教室の掃除《そうじ》をしているときに、一人だけ屋上でこっそりゲームをするとか。

ズルは、見つからなければ確実に得できるので、残念なことに、世の中にはズルをするひとが一定の割合でいます。これは「抜《ぬ》け駆《が》け」とか「ただ乗り（フリーライド）」といって、ものすごく嫌《きら》われます。

法律の役割は、暴力や盗《ぬす》み、ズルを罰《ばっ》することです。さらに、ズルがバレるとみんなから批判され、ＳＮＳで炎上《えんじょう》します。こうして、すべてを失ったひとがたくさんいます。

最初のズルは誰も気づかないかもしれません。2度目のズルは見逃《みのが》してもらえるかもしれません。でもズルを続けていると、いずれバレて罰せられることになります。するとそれが悪い噂《うわさ》になって、やがてみんなが知ることになります。

それに対して、「約束を守る」という信用はよい噂となって広まっていきます。

君は約束を守る子と、ズルをする子の、どちらと友だちになりたいと思いますか？

市場経済も同じで、信用のあるひとのところにみんなが集まり、ズルばかりしていると信用を失い、なにをやってもうまくいかなくなるのです。

図2　交渉でトレードオフを解消する

「交渉する」

もうひとつの攻略法は⑤の「交渉する」です。

この問題は、「リンゴとミカンのどちらかを選ばなければならない」というトレードオフでした。だったら、同じことで困っている相手を探して、「どちらも少しずつあきらめる」という交渉をすることで、自分も相手も得できるようになります。

このときに大事なのは**「公平」**です。

2人とも100円ずつ出しているのに、リンゴもミカンも君が3分の2を取って、ママが3分の1なら、ママには交渉に応じる理由がありません。

交渉においては、**資源は公平に分配しなくてはならない**のです。

交渉とは、ゲームのルールを話し合いで修正する（ここではリンゴとミカンを半分ずつにする）ことでトレードオフを解消する攻略法です。小学生でこれに気づくようなら、きっと私よりも成功するでしょうし、この本を読む必要もないでしょう（図2）。

コラム 子どもに「お金はなぜ大事なの？」と聞かれたら

このゲームでは、もうひとつ大事なことを学ぶことができます。それは、**「資源が少ないとトレードオフが起きる」**ということです。

これを逆にいうと、**「資源がたくさんあればトレードオフは起きない」**になります。

リンゴとミカンのどちらを選ぶのかというトレードオフに悩《なや》むのは、百円玉が１つしかないからです。もし千円札があれば、両方買っても８００円が残ります。

お金ですべての悩みを解決することはできませんが、お金があればトレードオフを減らすことができるのです。

ここから、「資源（お金）を少ししかもっていないよりも、たくさんもっていたほうが、悩みが少なくなる」ことがわかります。これが、お金が大切な理由です。

こう教えよう

子どもに「お金はなぜ大事なの？」と聞かれたら、「トレードオフ問題を解決できるからだよ」と答えましょう。

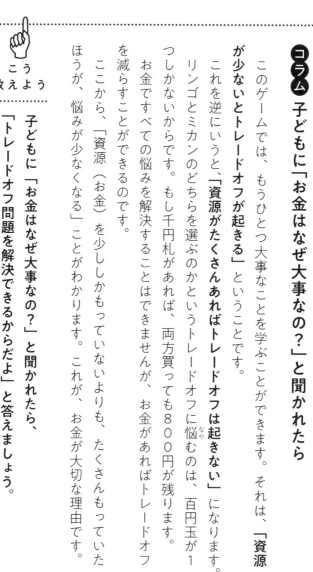

✤コスパを学ぶ　レベル●

資源が有限なら、その資源を無駄《むだ》に使うよりも、有効に活用したほうがいいことは誰でもわかります。

これが**「コスパ（コストパフォーマンス）の法則」**です。

１００円でリンゴを買えば、ミカンを食べることができません（逆も同じ）。しかし交渉によって、リンゴとミカンを半分ずつにすれば、同じ１００円でも満足度はずっと高くなるでしょう。すなわち、コスパがいいのです。

コスパは、ふつうは投資の利回りで説明します。

１００円を投資して、10円の利益を得られるなら、利回りは10％です（10÷１００）。それに対して、１００円の利益なら利回りは１００％になります（１００÷１００）。

当然、利回り10％よりも利回り１００％のほうが有利です。――これには「リスクが同じなら」という重要な条件がつきます。これについてはステージ４で説明します。

コスパの法則は、投資以外でもさまざまなところで役に立ちます。

ネットで値段を比較《ひかく》して、同じ商品をより安く手に入れられれば、コスパは上がります。同じくらいおいしい料理を、より安く提供してくれるレストランを見つければ、やはりコスパは高くなります。

コスパの基本的な考え方を知らないと、不利な（コスパの悪い）選択《せんたく》につい手を出してしまいます。

では、どうすれば人生のコスパを改善できるのか。そのことを、この本を通じて学んでいくことにしましょう。

✤「ギブ」と「テイク」を学ぶ

レベル●●

「ギブ」とは与《あた》えること。「テイク」とは受け取ることです。市場取引では、ギブとテイクは釣《つ》り合っていなければなりません。

君がなにかをギブする（与える）ことは、相手が同じものをテイクする（受け取る）ことです（逆も同じ）。

君がギブばかりして、相手がテイクばかりだと、「ズルい」と感じて、それ以上ギブする気がなくなるでしょう。

相手からなにかをギブしてもらいたいなら、君も同じ価値があるものを相手にギブしなくてはなりません。これを**「対価（コスト）」**といいます。

八百屋さんからリンゴをギブしてもらうときに、八百屋さんが欲しいもの（たとえば魚）を聞いて、それをもっていくのはものすごく大変です。それに比べて、財布のなかの百円玉をギブすれば、取引は一瞬《いっしゅん》で終わります。

ここから、お金が大切なもうひとつの理由がわかります。**お金を使うと、ギブ・アンド・テイクがとても簡単になる**のです。

お金をギブしてもいいときと悪いとき

わたしたちは社会のなかで、みんなからさまざまなものをギブしてもらわないと生きていくことができません。しかしそのためには、君も相手にギブしなくてはなりません。

世の中（人間同士の関係）は、ギブ・アンド・テイクの繰《く》り返しによって成り立っています。

対価には、お礼の手紙を書いたり、お返しの品物を送るなど、たくさんの方法があります。そのなかで市場経済では、お金を使ってギブ・アンド・テイクが簡単にできるようにしています。

でも市場経済以外では、ギブ・アンド・テイクにお金を使ってはいけないことになっています。

親子や夫婦、恋人《こいびと》や友だち同士など、愛情や友情のような「かけがえのないもの」に値段をつけると、神聖なものが汚されたように感じます。もしお金で買えるなら、それは「ほんとうに大切なもの（プライスレス）」ではないのです。

ママがご飯をつくっても、パパはお金を払《はら》いません。その代わり、お金ではない対価（これがなにかは難しいので、いちおう「愛情」としておきます）をママに払います。料理の代金をお金で支払うと、他人同士になってしまうのです。

✤「世界」の仕組みを学ぶ　レベル●●●

ギブ・アンド・テイクの関係を、「わたし」を中心にする人間関係で説明してみましょう。

「わたし」のいちばん近くには、親子・夫婦・恋人などの「愛情空間」があります。

その外側は、仲のよい友だちがいる「友情空間」です。

最大でも150人くらいの友情空間の外側には、広大な「貨幣空間《かへい》」が広がっています。顔も名前も知らないたくさんのひとたちがいる貨幣空間は、お金でギブ・アンド・テイクが行なわれる「他人の世界」です（図3）。

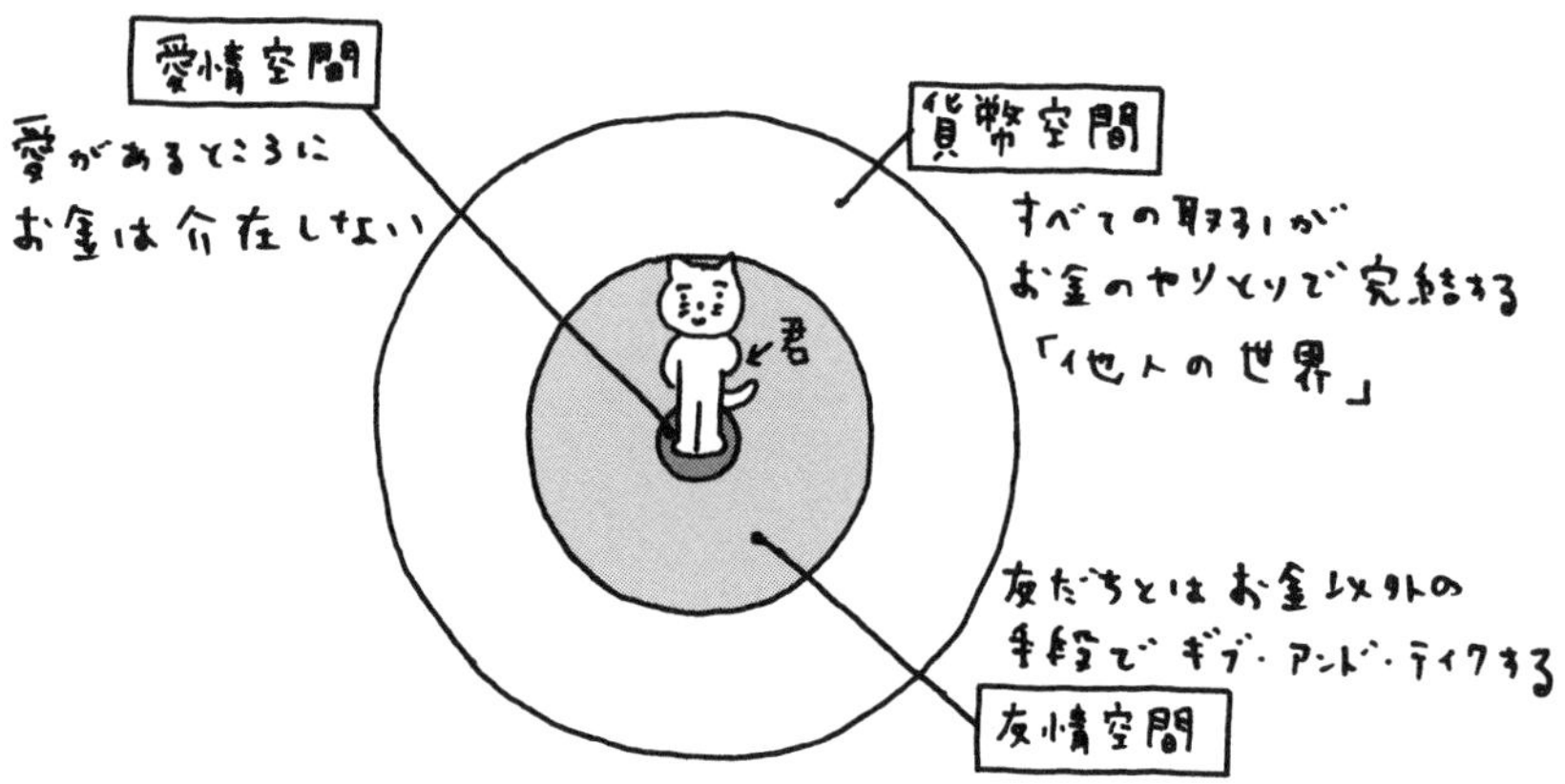

図3　世界は3つの同心円でできている

愛情空間

お金が介在《かいざい》しない関係。親は子どもに無償《むしょう》でギブするし、夫婦はお金を共有する。

友情空間

お金以外の手段でギブ・アンド・テイクする。プレゼントをもらったらお返しをし、ご飯を食べにいったら割り勘《かん》にする。

貨幣空間

すべての取引がお金のやり取りで完結する「他人の世界」。

愛情空間では、お金のやり取りは（基本的には）しません。

それに対して友情空間では、お金を見せないようにします。「割り勘」というのは、友だち同士の関係にお金（貸し借り）を持ち込《こ》まないための工夫です。

友情に値段はつけられませんが、それでもギブ・アンド・テイクは重要です。友だちからなにかをギブしてもらったら、それと同じくらい価値があるものを君もギブしなければなりません。

この約束事を無視してテイクばかりしていると、友情は壊《こわ》れ、友だち集団から追い出されてしまいます。

親は子どもにいろんなものを無償でギブしているので、家のなかではギブとテイクがセットになっていることが見えにくくなってしまいます。しかし家の外の「他人の世界」では、ギブ・アンド・テイクが絶対の法則です。

だからこそ、家庭という安全な環境《かんきょう》で、「他人の世界=市場経済」をゲームによって体験することが重要になるのです。

さらに詳しくいうと、友情空間の外側には、友だち以外のいろんなひとと協力したり競争したりする「政治空間」があります。これは会社などでの人間関係のことなので、「ステージ7　はたらくってどういうこと?」で説明します。

政治空間で、誰もがみんなの役に立つようなことをすることを**「公共」**といいます。この本では扱えませんが、「どうしたらよりよい社会をつくれるか」を考えるのが公共問題です。

「わたし」は世界の中心

図3はもうひとつ、重要なことを教えてくれます。それは、**「わたしたちは誰もが**

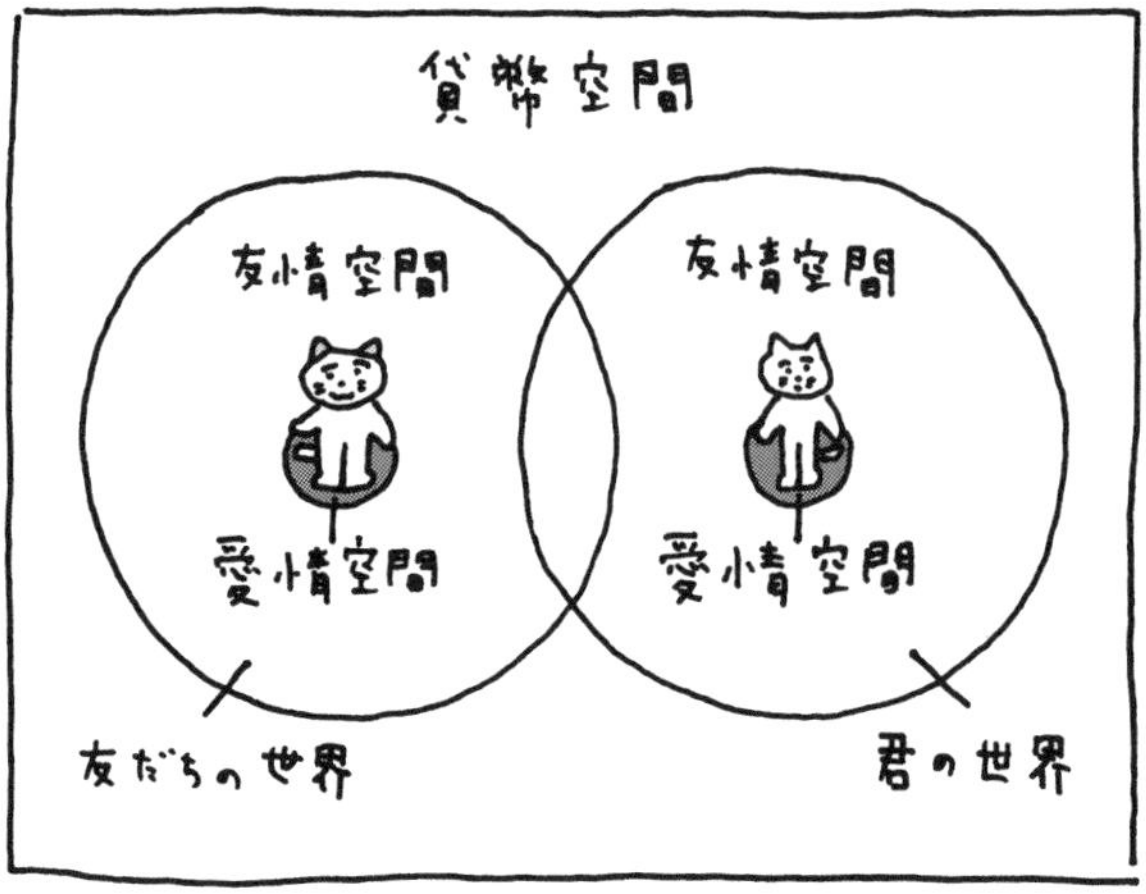

図４　君の世界と友だちの世界

自分を世界の中心だと思っている」ことです。

客観的《きゃっかんてき》には、この世界には１９６の国があり、80億のひとたちが暮らしています。

でも主観的《しゅかんてき》には、自分を中心にして、愛情空間、友情空間、貨幣空間へと同心円状に世界がつくられています。

わたしたちは、脳の仕組みによって、これ以外の方法で世界を理解することができません。

このように考えると、「なぜ友だちは自分のことをわかってくれないのか」という謎《なぞ》を解くことができます。

その理由は、友だちには友だちの愛情空間や友情空間（つまり世界）があり、その一部が君の世界と重なっているだけだからです（図４）。

友だちと君は、ちがう世界に存在しているのです。

「親はわかってくれない」「先生はわかってくれない」「大人はわかってくれない」も同じです。

ちがう世界を生きているのだから、「わかってくれない」のがデフォルト（初期設定）です。

「他人《ひと》の気持ちになりなさい」といわれますが、そのためには相手の世界に〝ワープ〟しなければなりません。でもこれはものすごく難しいので、ほとんどの場合、あまりうまくいきません。

それでもわかりあえることはあるでしょうが、それは〝奇跡《きせき》〟のようなものです。

「わかりあえない」が人間関係の基本だと知っていると、「わかってくれない」相手に、どのようにわかってもらうか、戦略的に考えることができるようになります。

これを**「コミュ力《りょく》（コミュニケーション能力）が高い」**といいます。

「空気」が読めるだけでは、みんなに同調することにしかなりません。これだと、交渉のときに相手のいいなりになってしまいます。

自分に有利な交渉をするためには、相手の世界を観察して、なにを望んでいるのかを知らなければなりません。それによって、相手からギブしてもらうためには、その対価として自分がなにをギブすればいいかがわかります。

KY（空気が読めない）でも、コミュ力=交渉能力を高めることはできるのです。

☑「タイパ」を理解する

レベル●

ゲーム1-2

百円玉を24個用意し、1つが1時間を、24個で1日を表わすとする。次に、そこから睡眠《すいみん》の8時間と学校の8時間（それぞれ百円玉8個）、ご飯や着替《きが》え、通学などにかかる2時間（百円玉2個）を別にする。そうすると、自由になる6時間（百円玉6個）が残るので、塾《じゅく》や勉強、ゲームや友だちと遊ぶことなど、それをどのように分配するかを親子で話し合う（図5）。

このゲームで百円玉を使うのは、時間もお金と同じ「資源」だということを学ぶためです。しかも、お金はがんばれば増やすことができますが、時間はどんなことをしても1日24時間を超《こ》えて増やすことができません。

タイムパフォーマンス

お金が足りないというトレードオフの問題は、お金を増やせば解決します。ところが、時間が足りないというトレードオフの問題は、時間を増やして解決することがで

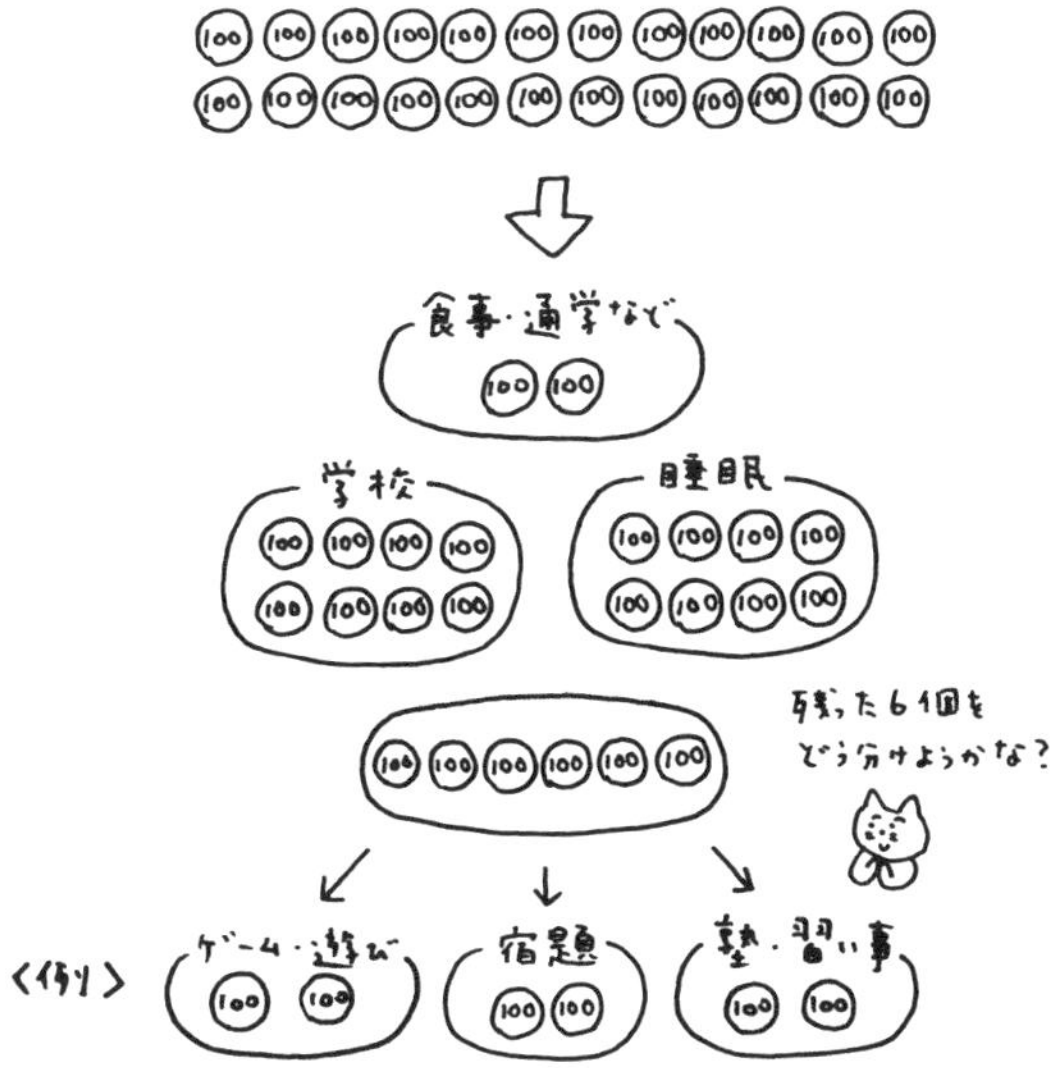

図5　1日の時間資源を分配する

きません。

そう考えれば、**時間はお金より稀少《きしょう》な（大切な）資源**だとわかります。

お金をできるだけ有効に使おうとするのがコスパ（コストパフォーマンス）でした。それに対して、時間をできるだけ有効に使うことは**「タイパ（タイムパフォーマンス）」**と呼ばれるようになりました。

「時間が足りない」のが問題なのだから、自由に使える時間を増やせば解決できると思うかもしれません。

そのとき真っ先に思いつくのが、「寝《ね》る時間を減らす」でしょう。1日の睡眠を8時間から6時間にすれば、自由な時間は2時間増えます。4時間しか眠《ねむ》らないなら、自由な時間は4時間も増えることになります。

しかしいまでは、この攻略法は役に立たないどころか、逆効果だとわかっています。

勉強でもスポーツや音楽でも、昼間に学んだことは、眠っている間に脳に定着します。睡眠時間を減らすと、がんばって覚えたことをぜんぶ忘れてしまうのです。「学校に行く8時間がムダなのでは？」と思うかもしれません。これはなかなか面白いアイデアですが、「不登校を勧《すす》めるのか」という話になって、この本では扱《あつか》えないので、この8時間も減らすことができないとしましょう。

親子の利害は対立する

こうして、「1日に6時間しかない貴重な時間をなにに使うか」が問題になります。当たり前ですが、ある時間をなにかに使うと、別のことには使えません。だからこれは、リンゴとミカンのゲームと同じ資源制約（トレードオフ）の話です。

親は子どもに、塾や習い事をしたり、家で宿題をしたりしてほしいでしょう。しかし、それをぜんぶやると、百円玉は1つも残らなくなってしまいます。

これでは子どもは、ぜんぜん遊ぶことができません。当然、「そんなのはぜったいイヤだ」というでしょう。

子どもには、ゲームをしたり、動画やテレビを観たり、友だちとSNSで噂話をしたり、いろいろやりたいことがあるはずです。でもこれでは、遊んでばかりになってしまいます。

親は子どもに勉強してほしいと思い、子どもは遊びたいと思っています。これを

「利害の対立」といいます。

資源の制約があり、利害が対立するときは、交渉で問題を解決するしかありません。つまり、どちらも少しずつ譲歩《じょうほ》して（あきらめて）、資源を公平に分け合うやり方を決めるのです。

このゲームには、どのように時間を配分すればいいのかという正解はありません。大事なのは、時間という資源が限られていることを〝（百円玉で）見える化〟したうえで、どちらも納得するまで話し合うことです。

約束事が決まったら、それを紙に書いて、親子で署名して壁《かべ》に貼《は》っておくのもいいでしょう。

「なにもそこまで」と思うかもしれませんが、これは**「契約《けいやく》」を体験するためのゲーム**です。他人の世界では、約束事は「いった、いわない」にならないように、文書にしておくからです。

子どもが約束を守れなかったときに（これはしばしば起きるでしょう）、「契約違反」を理由に罰金を取る（罰を加える）というのは、親子の関係がぎすぎすしそうであまり勧められません。

そんなときは、契約どおりに時間を使っていないことを認めさせたうえで、どうすれば守れる約束ができるかをもういちど話し合って、契約を「更新《こうしん》」するくらいがいいのではないでしょうか。

✤友だちの法則を学ぶ

レベル●●●

ゲーム1-3

＊注意：これはかなりショッキングなゲームなので、教えるかどうかは親が判断してください。

親友の名前を5人書いて、そこに白い石（碁《ご》石を使ってもいい）を3つずつ置く。次に、それほど親しくない友だちの名前を10人書いて、そこに白い石を1つずつ置く。親友になるには白い石が3つ必要で、5人を上限とする（友だちは最大10人）。このルールで、これから誰を親友に格上げし、誰をただの友だちに格下げするかを考えさせる（図6）。

このゲームで、白い石は時間を表わしています。誰かと一緒《いっしょ》に遊べば、別の誰かと一緒に遊ぶことはできません。友だちもまた、資源制約（トレードオフ）の問題なのです。

「世界」の人数は150人

親友とは、定義上、もっとも多くの時間資源を使う（通常は同性の）友だちのこと

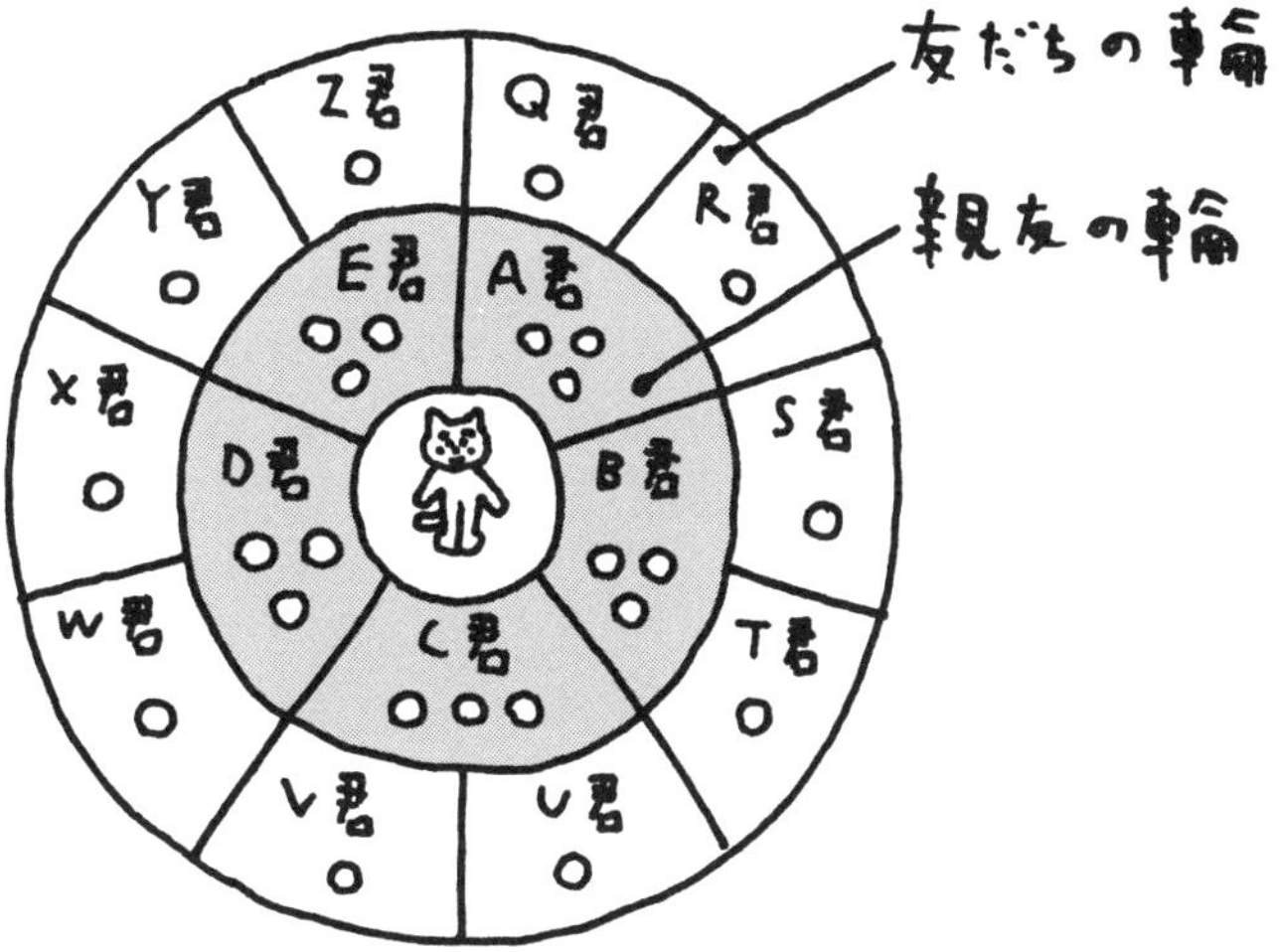

図6　親友と友だちをどうやって分けるか

です。別の友だちにもっとたくさんの時間資源を使うようになると、それが新しい親友になります。

新しい親友をつくるためには、その子に3つの白い石を分配しなければなりません。ところが石の数は決まっているので、5人の親友の誰かの石を2つ減らして、その子を「友だち」に格下げしなければならなくなります。たとえば、A君の石を2つ減らしてQ君に分けると、A君が「友だち」に格下げされ、Q君が新しい「親友」になります。

時間資源の制約があるため、親友や友だちをどんどん増やしていくことはできないのです。

研究者が調べたところでは、平均的な親友の数は5人、その周辺の友だちの数は10人で、この15人が「友情空間」になります（女の子の場合は、親友よりも親しい「特別な友だち」が1人いるよ

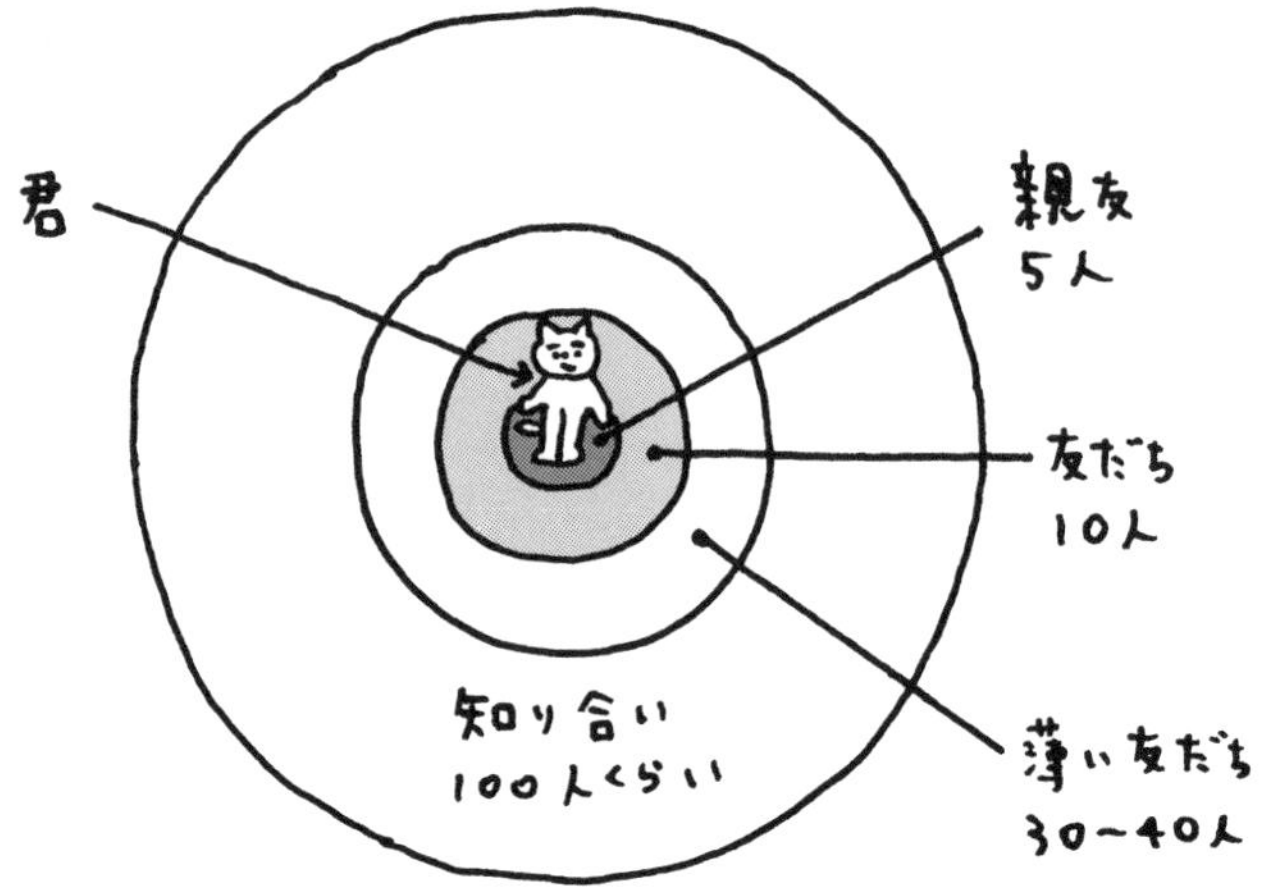

図7　「世界」は150人でできている

うです）。

その外側には、同じクラスの仲間のように、いつも一緒に遊ぶわけではないけれど、会えば話をするような「薄《うす》い友だち」が30〜40人くらいいます。

さらにその外側には、学校の先輩《せんぱい》や後輩《こうはい》を含めて、100人くらいの「知り合い」がいます。ふだんは挨拶《あいさつ》すらしないものの、顔や名前は知っていて、たまたまどこかで一緒になると、「君、どのクラスだったっけ？」などと話が始まる関係です。

「親友」から「知り合い」までを合わせると、だいたい150人くらいになります。これがわたしたち（子どもだけでなく、大人も含《ふく》めてすべてのひと）にとっての「世の中（世界）」です（図7）。「世の中」の外側には、お金のやり取りだけでつながる広大な空間が広がっています。これが「市場」すなわち「貨幣空間」になります。

図7のそれぞれの輪の枠内《わくない》に入る人数は決まっているので、誰かと「親友」になると、親友の1人を「友だち」にしなくてはなりません。新しい友だちができると、別の友だちが「薄い友だち」の枠に送られます。

これは、時間資源の制約と、脳の生物学的な制約（いちどに覚えていられる人数には限界がある）から生じる、普遍《ふへん》の（時代や国のちがいを問わずどこでも当てはまる）**「友だちの法則」**です。

時間資源の配分問題

公立小学校から私立中学に進学したり、中学校から別の地域にある高校に進学したりすると（あるいは大学進学で別の町に住むようになると）、新しい友だちがたくさんできる一方で、むかしの友だちとはどんどん離《はな》れていきます。これは、「友だちの法則」があるからです。

LINEなどのSNSでも同じです。

SNSに150人くらいの友だちが登録されていても、一対一で毎日メッセージをやり取りするのは5人くらいで、ときどきメッセージを交換するのが10人くらい、「友だちグループ」に登録しているのが30~40人で、あとの100人は「○×小同窓会」などのグループにいて、なにかのイベントのときにしかメッセージを送らないでしょう。

中学校や高校になると、この法則は恋愛《れんあい》ゲームにも拡張されます。「恋人」とは定義上、もっとも多くの時間資源を使っている（通常は異性の）相手のことです。別の相手により多くの時間資源を使うようになると、その恋は終わって、新しい恋人ができたことになります。

ここからもう一歩進んで、自分だけでなく、相手にも同じような時間資源の制約があることがわかると、世界（友だち関係）についての理解が深まります。

子どもが友だちといつも一緒にいたがるのは、それが「友だち」であることを証明する唯一《ゆいいつ》の方法だからです。友だちと共有する時間が減ると、別の友だちに乗り換《のか》えられたり、友だち集団から外されてしまいます。

友だち集団では、誰と遊んで誰と遊ばないかの時間資源を操作することで、（友だちかどうかの）境界を決めています。

親は、この「友だちの力学」を理解する必要があります。そうすれば、どれほど説教しても、友だちと遊ぶために塾や勉強を拒否《きょひ》する理由がわかるでしょう（解決はできないとしても）。

この「友だちの法則」からは、誰も逃《のが》れることはできません。

それでも、すくなくとも賢《かしこ》い子どもなら、人間関係を時間資源の配分問題として整理することで、友だち集団の問題によりうまく対処できるようになるかもしれません。

ステージ 2

お金はどのように増えていくのか

☑ 複利を理解する

レベル●

ゲーム2-1

晩ごはんの後片づけをすると、1日100円のおこづかいがもらえる。この100円はすぐに使ってしまうこともできれば、そのまま取っておくこともできる。お金を1日取っておくと、その1割（100円なら10円）をおまけとしてもらえる。このルールで、晩ごはんの後片づけを1カ月続けるとどうなるだろうか。

このゲームを始める前に、1日100円のおこづかいは、1カ月（30日）で

３０００円になることを確認しておきます。

そのうち１０００円を使ってしまえば、残りは２０００円です。３０００円すべてを使ってしまえば、手元にはなにも残りません。

このとき、もらった１００円をすぐに使ってしまうのを「キリギリス君」、使わずに貯めておくのを「アリ君」としましょう。

アリ君とキリギリス君の運命

ではこのお金におまけがつくと、アリ君とキリギリス君の運命はどうなるでしょうか。これは実際にやってみるのがいちばんいいと思いますが、計算するとこうなります（図８）。

	キリギリス君	アリ君
1日目	100円	100円
2日目	100円	210円
3日目	100円	331円
4日目	100円	464円
5日目	100円	611円
6日目	100円	772円
7日目	100円	949円
8日目	100円	1144円
9日目	100円	1358円
10日目	100円	1594円
11日目	100円	1853円
12日目	100円	2138円
13日目	100円	2452円
14日目	100円	2797円
15日目	100円	3177円
16日目	100円	3595円
17日目	100円	4054円
18日目	100円	4560円
19日目	100円	5116円
20日目	100円	5727円
21日目	100円	6400円
22日目	100円	7140円
23日目	100円	7954円
24日目	100円	8850円
25日目	100円	9835円
26日目	100円	1万918円
27日目	100円	1万2110円
28日目	100円	1万3421円
29日目	100円	1万4863円
30日目	100円	1万6449円

図８　1カ月後の
アリ君とキリギリス君の
おこづかいの額

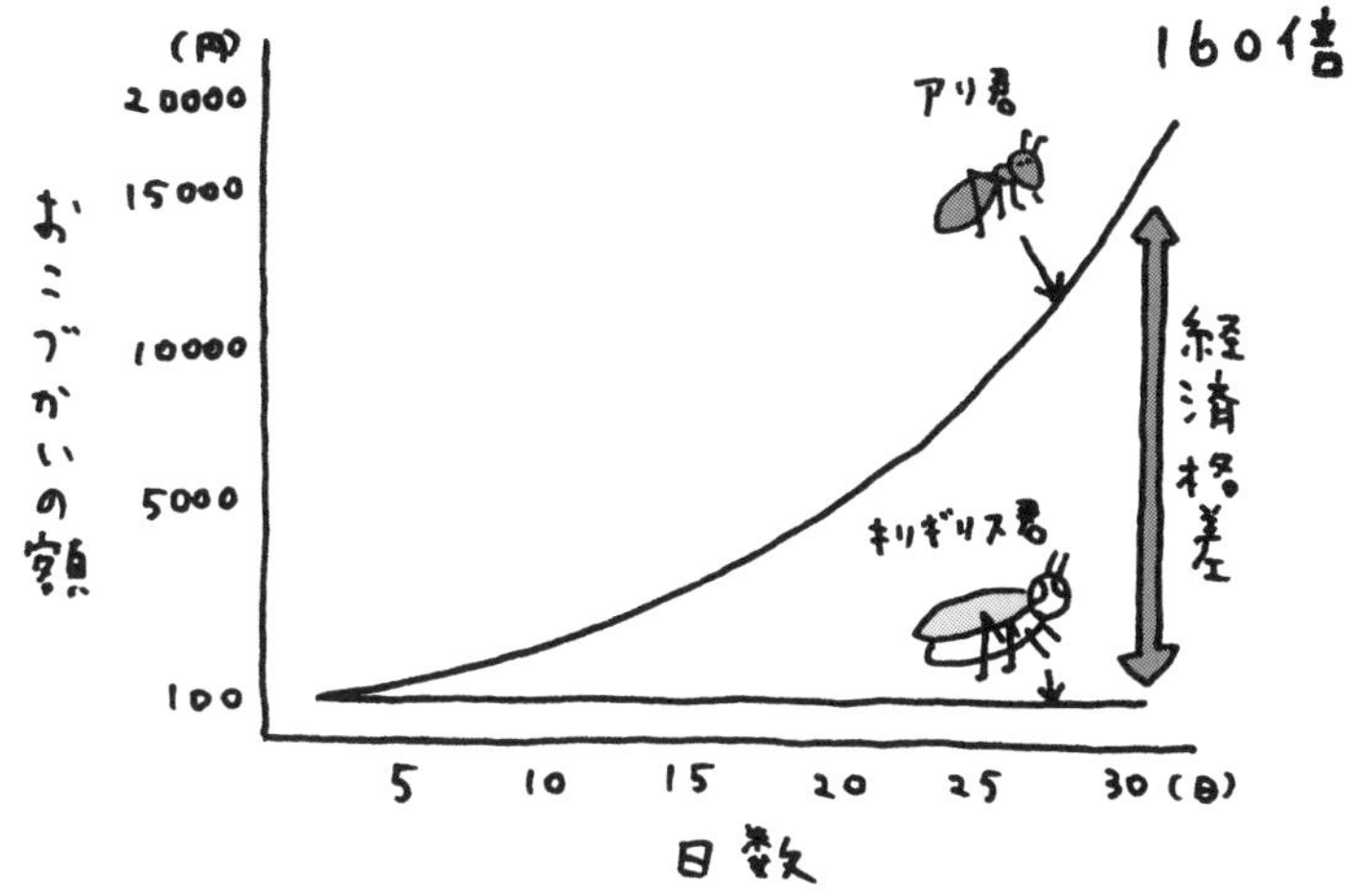

図９　アリ君とキリギリス君の経済格差

１日目の１００円は、２日目には10円のおまけがつきます。これに１００円のおこづかいを足すと、２１０円になります。３日目は２１０円に21円の利息がついて、これに１００円のおこづかいを加えて３３１円になります。

これを30日間続けると、手元のお金は（なんと）１万６４４９円になるのです。――「子どもにそんな大金を渡《わた》せない」という場合は、10日目（１５９４円）くらいでやめてもいいでしょう。でも１カ月続けたほうが、ずっとインパクトは大きくなります。

１日目は、アリ君は１００円をもっていて、キリギリス君はそれをぜんぶ使ってしまうのだから、そのちがいは（わずか）１００円です。

30日目には、おこづかいをすべて使ってしまったキリギリス君の手元には、その日にもらった１００円しかありません。それに対してアリ君は１万６０００円以上をもっているのですから、キリギリス君より160倍もお金持ちになりました。このちがいが**「経済格差」**です。

アリ君とキリギリス君の運命を〝見える化〟したのが図9です。

複利は「人類最大の発明」

ここで、1日100円のおこづかいを30日貯めると、3000円になることを思い出しましょう。それが1万6000円になったのだから、1割のおまけによって、3000円が5倍以上になったことになります。

このおまけのことを「利息」とか「金利」といい、どんどんおまけがついてお金が増えていくことを「複利」といいます（なぜおまけがつくかは、あとで説明します）。相対性理論で有名なアインシュタインは、複利を「人類最大の発明」と呼んだとされます。

お金を増やそうと思ったら、複利のパワーを最大限、活用しなくてはなりません。でも、ここで伝えたいのは別のことです。「複利の法則」はお金以外のほかのこと、たとえば勉強にも当てはまるからです。

コラム 子どもに「なぜ勉強しなくちゃいけないの？」と聞かれたら

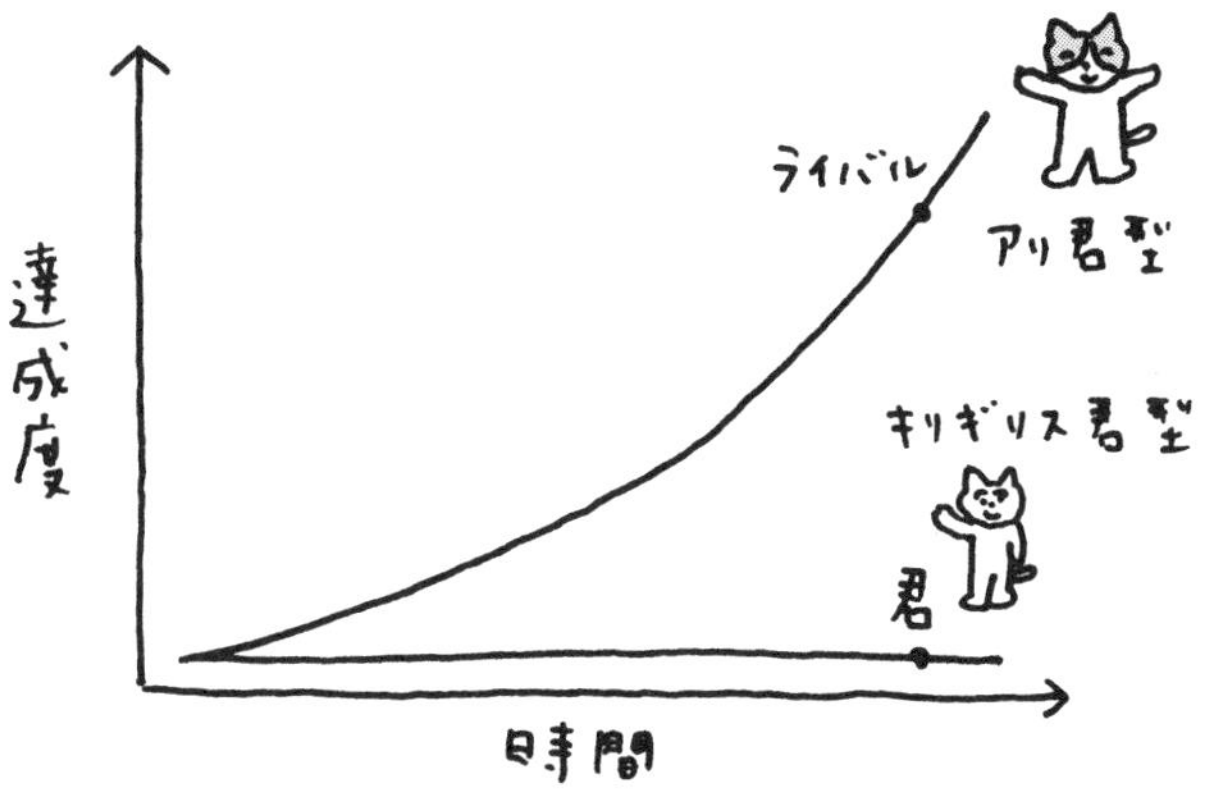

図10　なぜ勉強しなければならないのか

漢字を覚えるためには、まずはひらがなやカタカナが読めるようにならなければなりません。足し算を覚えると、掛《か》け算を勉強するとき、「2×3は2を3回足すこと」と理解できます。

「なぜ勉強しなくちゃいけないの？」という子どもの定番の質問には、図10を見せて、「君はどちらになりたいのか？」と聞いてみましょう。

このとき、毎日の１００円のおこづかいが1万６０００円に増えたという体験があると、この言葉をより重みをもって受け止められるはずです。

ここで大事なのは、アリ君のお金は、ある日突然《とつぜん》、１００円から1万６０００円になったわけではないことです。図9を見ればわかるように、お金は毎日すこしずつ、複利によって増えていったのです。

「そんなの当たり前だ」と思うかもしれませんが、世の中には、子どもだけでなく大人にも、「なにかの奇《き》跡《せき》が起きて、１００円が魔《ま》法《ほう》のように1万円になる」と思っているひとがたくさんいます。転生して王子様や王女様（あるいはスライム）になるのはマンガやアニメの世界だけです。

複利を理解するというのは、「ワンチャンはない」という現実を受け入れることでもあるのです。

そのとき、「ワンチャンはないのに、なんで宝くじを買ってるの？」と子どもにいわれないようにしておきましょう。

こう教えよう

子どもに「なぜ宿題をしないといけないの？」と聞かれたら、「宿題をサボると、ちゃんと宿題をやっている友だちとの差が複利で開いていくんだよ」と答えましょう。

コラム 子どもに「AIがあるから勉強なんかしなくていい」といわれたら

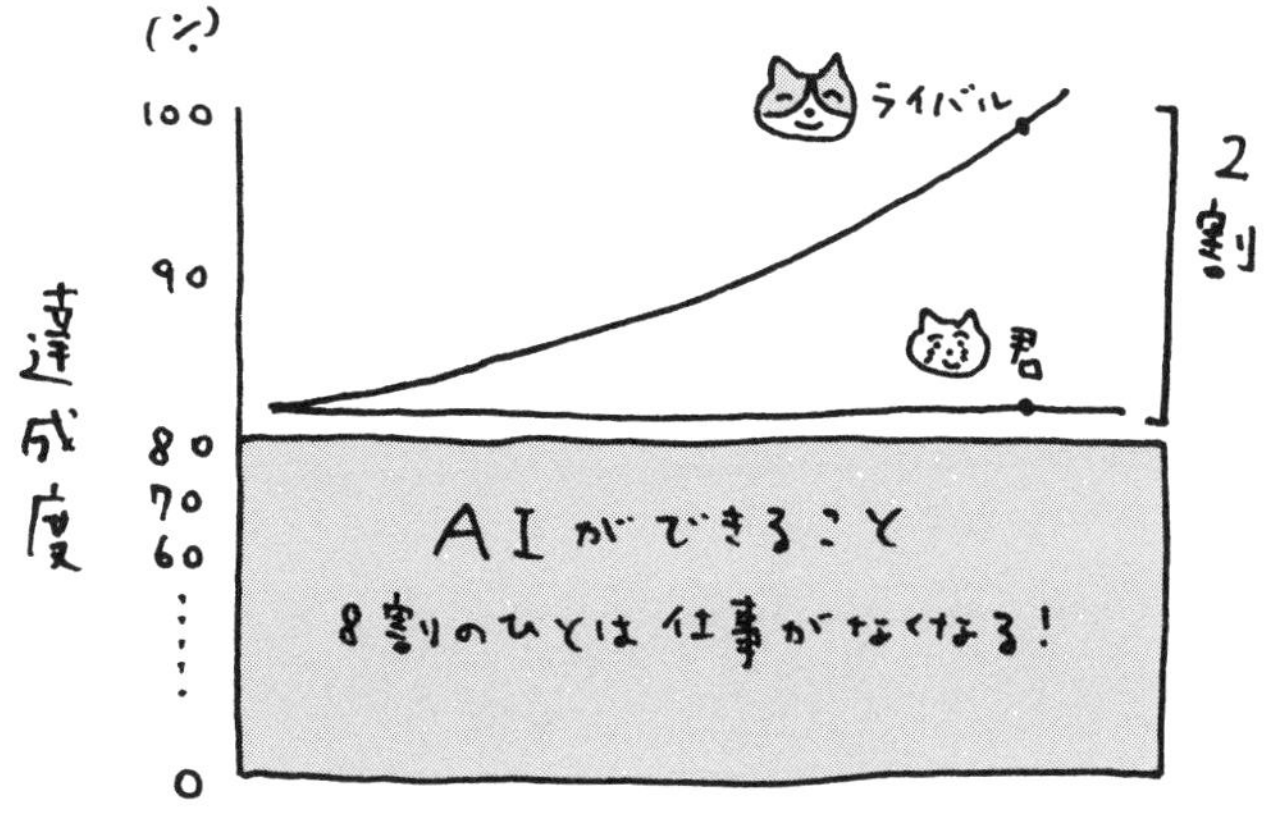

図11　AIがつくる未来世界

ここで「AI（人工知能）があるから勉強なんかしなくていい」と子どもにいわれたとき、どう答えるかを考えてみましょう。

AIはものすごい勢いで進歩しているので、10年後、あるいは5年後でも、どんな世界になっているか想像もつきません。

はっきりしているのは、「AIに質問して答えが返ってくるようなことをいっしょうけんめい覚えてもしかたない」ということでしょう。

「徳川幕府をつくったのは誰か」とか、「水の化学式はなにか」という質問は、AIがぜんぶ教えてくれるからです。

でもこれは、勉強しなくてもいいという

ことではありません。

AIに正しい答えを教えてもらうには、正しい質問をしなければなりません。そのためには、自分がなにを知らないのか（知りたいのか）をちゃんと理解している必要があります。

日本の歴史の大きな流れがわからなければ、「徳川幕府は誰がつくったか」をAIに訊《き》けません。化学の基礎《きそ》を知らなければ、水の化学式を質問できないでしょう。

将来、AIが8割の仕事をできるようになるとしましょう。そうなると、AIはタダで1日24時間働くので、8割のひとは仕事がなくなってしまうかもしれません。そのとき、残りの2割のひとはどうなるかというと、AIをどれだけ上手く使えるかで、その差はやはり複利で開いていくでしょう。

この未来世界を〝見える化〟すると図11になります。どのように子どもに説明するかは、一人ひとりが考えてください。

こう
教えよう

子どもに「AIがあるから勉強なんかしなくていい」といわれたら、「AIがあるからこそ、格差が広がっていく」と答えましょう。

ステージ 3

楽しいことはすぐに慣れてしまう

☑ 限界効用《げんかいこうよう》の逓減《ていげん》を理解する

レベル●

ゲーム3-1

暑い日で喉《のど》がものすごく乾《かわ》いているときに、きんきんに冷えたジュースを飲む。そのとき、どれくらい美味《おい》しいかを10点満点で評価する。最初のひと口は10点だろう。では、10口目は何点だろうか。

楽しいことにすぐ慣れてしまう（楽しいことほどではないものの、つらいことにも慣れていく）のは、誰もが経験しているでしょう。

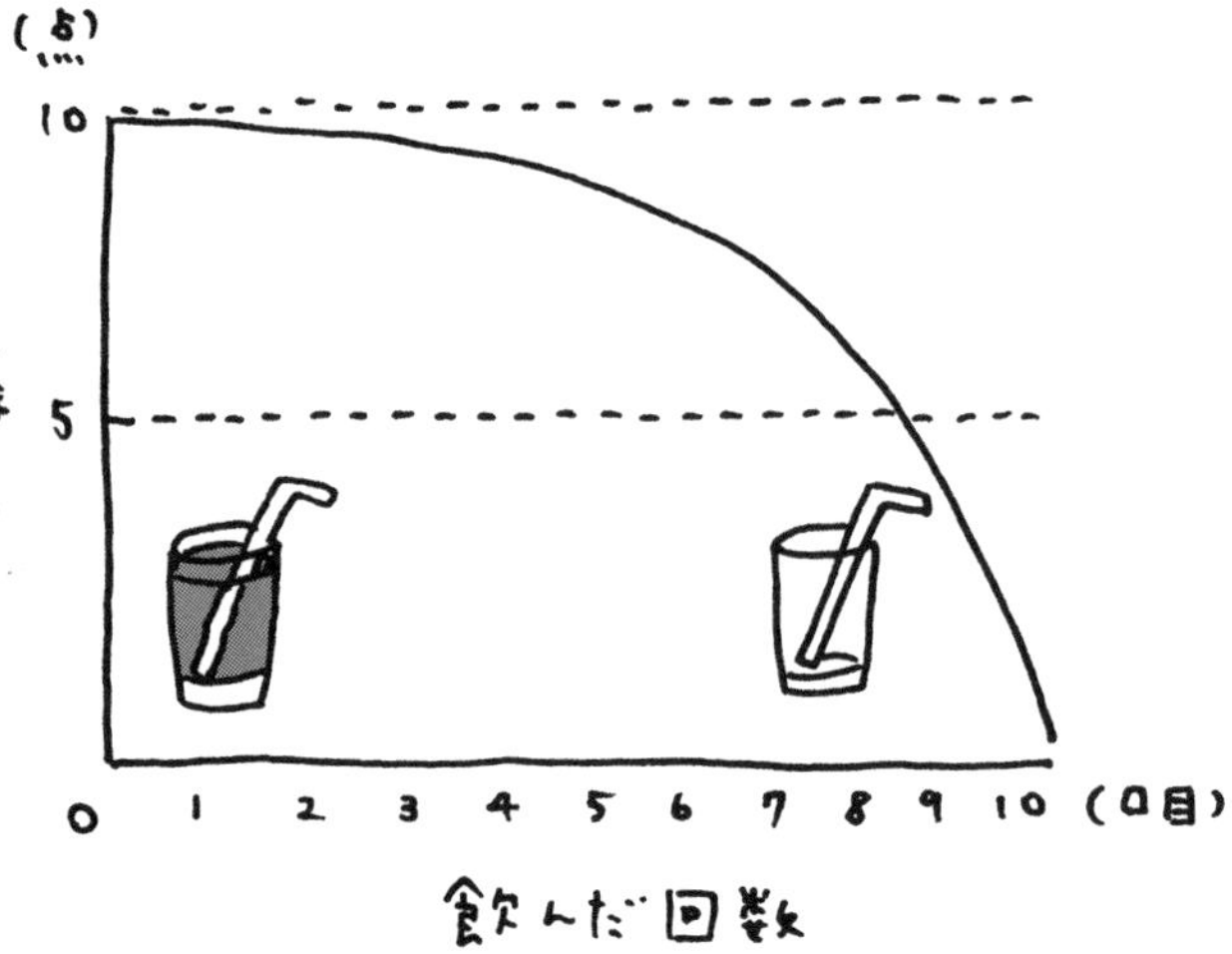

図12　ジュースの美味しさの変化

これを経済学では**「限界効用の逓減」**という、ちょっと難しい言葉で説明します。

楽しさはすこしずつ減っていく

「限界」というのは、1単位増えたときの変化のことです。「効用」とは、幸福感とか楽しさのことです。これを合体した「限界効用」は、1単位（この場合はジュースひと口）が増えたときの楽しさや美味しさの変化になります。

「逓減」も難しい言葉ですが、これは「少しずつ減っていく」ことです。したがってジュースの限界効用の逓減は、「1単位増えたときの（ひと口飲むごとの）美味しさがすこしずつ減っていくこと」になります。

ジュースの実験では、ひと口目の美味しさは10点で、それがだんだん減っていき、10口目には0点になって、図12のようになるでしょう。

ひと口目のジュースには大きな驚《おどろ》きがありますが、10口目のジュースにはなんの驚きもありません。

脳は、新しい刺激《しげき》にだけ反応するようになっています。同じ出来事が繰《く》り返し起きても、そんなのはたいして重要ではないのです。

これは脳の基本的な仕組み（コンピュータでいうOS）なので、ジュースだけでなく、どのような経験でも同じことが起きます。もちろん、お金も例外ではありません。

日本の大学の調査では、収入は一人あたり年収800万円（夫婦と子どものいる世帯だと年収1500万円程度）、資産は1億円（と持ち家）がピークで、それ以上増えても幸福度は変わらなくなるようです。

どこで限界効用が逓減しはじめるかは一人ひとりちがいますが、それでも個人資産30兆円のイーロン・マスクが、1億円の資産をもっている近所のお金持ちの30万倍幸せということはないでしょう。

そればかりか、イーロン・マスクの幸福度は、仕事のストレスとプレッシャーで、好きなことだけしている（遊び人の）お金持ちより低いかもしれません。

お金の限界効用は一定以上になると逓減しますが、お金の量は複利でどこまでも増えていきます。その結果、「たいして幸福じゃない大富豪《だいふごう》」がたくさん生まれることになったのです。

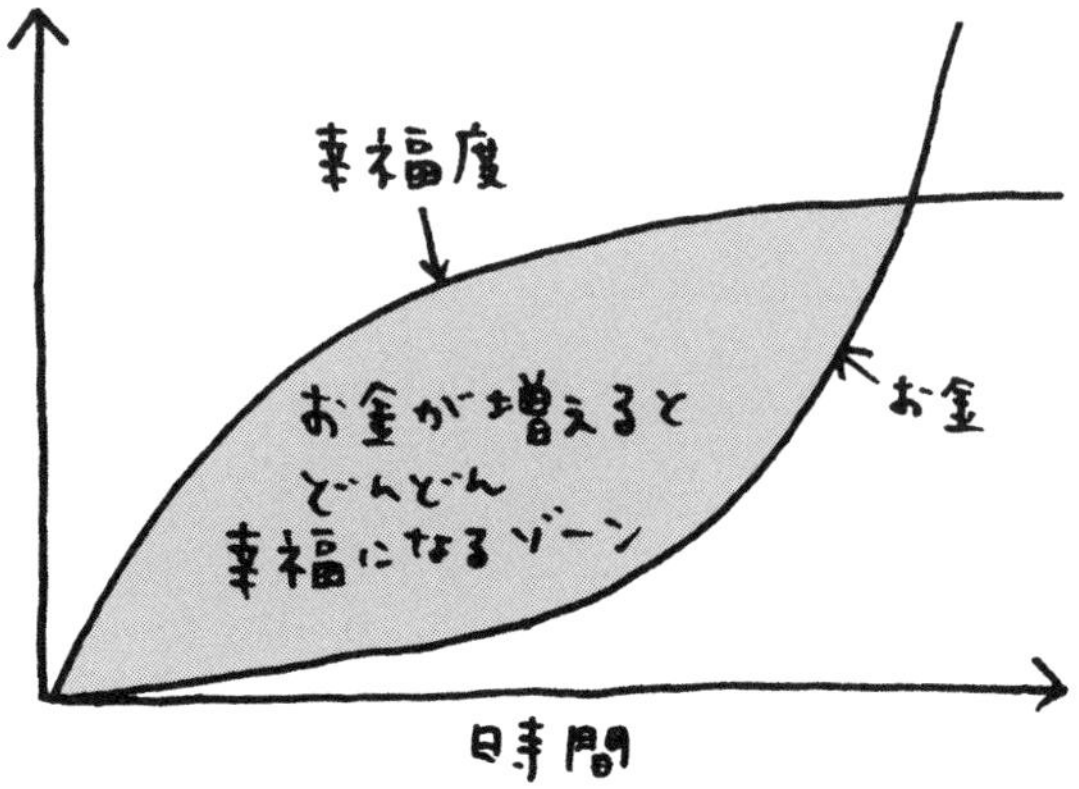

図13　お金と幸福度の関係

お金が増えると幸福になるのか

図13を見て多くのひとが間違《まちが》えるのが、「お金が増えても幸福度が上がらないのなら、お金持ちを目指してもしかたない」と考えることです。

でもこれは、ものすごく間違っています。この図の正しい説明は、こうなります。

「限界効用が逓減するまでは、お金が増えれば増えるほど、幸福度はぐんぐん上がっていく」

貯金が１０００円しかないとき、おじいちゃんやおばあちゃんから1万円のお年玉をもらったら、ものすごくうれしいでしょう。

このように、お金がないときほど、お金の限界効用は大きくなります。がんばってお金を増やせば、より幸福になれるのです。

でもそのお金がものすごく増えたときに、さらにお金を加えても、幸福度は上がらなくなります

（1億円もっているひとは、1万円増えても気にもしないでしょう）。

子どもには欲しいものがたくさんあります。これが、子どもがお金持ちになりたい理由です。

お金持ちなら、欲しいものがぜんぶ手に入ります。

これは間違いではありませんが、限界効用の逓減によって、お金持ちにもすぐに慣れて、楽しさはそれ以上増えなくなってしまいます。

でも、これを子どもに教えるのは無理でしょう。実際にお金持ちになって、体験してみるのがいちばんです。

☑「努力の限界効用の逓減」の法則を理解する

レベル●●

お金の限界効用が逓減することを覚えたら、より重要な次のステージに進みましょう。それは「努力の限界効用の逓減」です。

ステージ2では、「努力の効果は複利で増えていく」ことを学びました。でも、努力すればするほど上達するのなら、ひたすら努力することで、誰でも大谷翔平《しょうへい》になれるはずです。

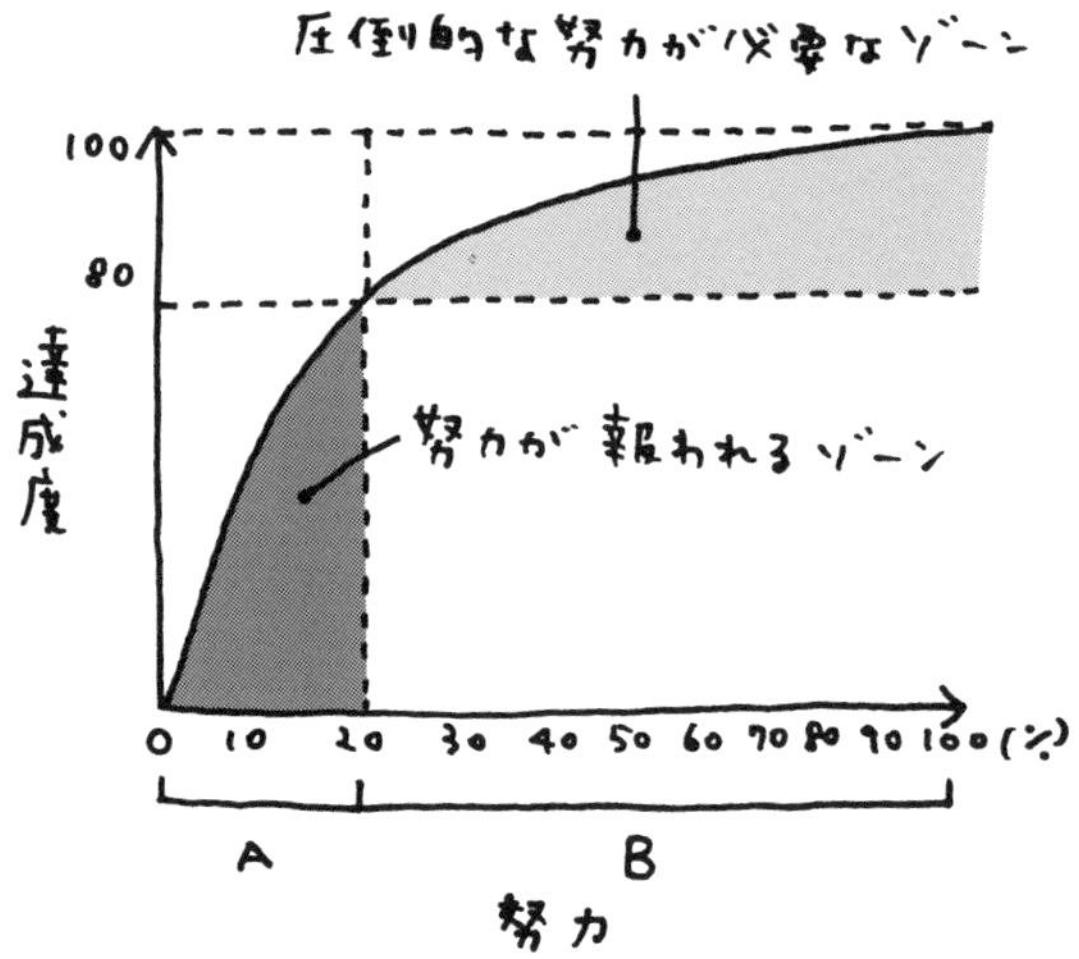

図14　「努力の限界効用の逓減」の法則

でも、そんなことにはなりません。お金と幸福度の関係と同じく、努力の限界効用も逓減するからです。

だとしたら、がんばってもムダなのでしょうか。

そんなことはありません。

努力は報われるのか

図14では、縦軸《たてじく》を達成度、横軸《よこじく》を努力として、努力がどれくらい報われるかを示しています。これは、２つの大切なことを教えてくれます。

①20％の努力で80％の達成度に到達する。
②80％の達成度を１００％近くにするには、ものすごい努力（そして才能と運）が必要になる。

君が野球やサッカー、あるいはバスケの部活だとして、その仲間を集め、学校のなかから適当に選んだ（経験者もそうでない生徒もいる）チームと試合をすれば、全国大会に出たことがなくても、簡単に勝てるはずです。

ダンスやバレエ、ピアノなども同じで、先生に習って子どもの頃《ころ》から練習していれば、みんながびっくりするほど上手に踊《おど》れたり、演奏できたりするでしょう。

どんな分野であれ、20%の努力をするだけで、80%も達成できるようになります。

最初の20%は、「努力は報われる」のです。

しかし、努力の限界効用はここから逓減していきます。**達成度が80%を超《こ》えると、「努力は（なかなか）報われなくなる」**のです。

野球教室やサッカー教室に参加する子どもは、最初はみんな、プロ野球選手やJリーガーに憧《あこが》れるでしょう。バレリーナやピアニストなら、世界的なコンクールで優勝することを目指すかもしれません。

でもほとんどの場合、そのうち興味を失っていきます。なぜなら、努力が報われないことに気づくから。

大谷翔平になるためには、大リーガーを目指す世界中の何万人、何十万人のなかで、上位数人に入らなければなりません。これは達成度100%に限りなく近づくことで、ほとんどのひとはその前に脱落《だつらく》してしまうでしょう。

ゼネラリスト戦略

「努力の限界効用が逓減する」という法則を、どのように考えればいいのでしょうか。

これは、2つの戦略が考えられます。

ひとつは、なんでもできる「ゼネラリスト」戦略で、「20%までは努力が報われる」こと（図14のAの部分）に注目します。全体の努力を100とすれば、それを20ずつに分けることで、5つの分野で達成度80%を実現できます。

スポーツ、音楽、美術、料理、勉強など、なんでも平均以上にできるのを「多才なひと」といいます。これがゼネラリストで、みんなから「スゴいね」といわれますが、どれも一流とはいえません。どんな分野にも、達成度90%や95%の「プロ」がいるからです。

「なんでもできる」ゼネラリストは、いろんなところで役に立ちます。世の中で成功しているひとの多くは、「彼《かれ》／彼女《かのじょ》に任せておけばとりあえず安心だよね」といわれるような、優等生タイプのゼネラリストです。

大きな会社を経営するのは「スーパーゼネラリスト」で、どんなことにも80点以上の対応ができる高い能力が求められます。

スペシャリスト戦略

もうひとつは、特別なことができる「スペシャリスト」戦略で、「達成度80%を超えると努力が報われなくなる」こと（図14のBの部分）に注目します。ほとんどのひとはこのあたりであきらめてしまうのですから、達成度85%、あるいは90%くらいになればものすごく有利です。

スペシャリストとは、なにかひとつのこと（スペシャル＝専門）に特化した専門家で、「（ほかのことはできないけど）この仕事なら彼／彼女にやってもらうのがいちばんだよ」といわれるようになることです。

ただし、スペシャリスト戦略には大きな問題があります。

みんなが達成度80％であきらめてしまうのは、それ以上の努力が報われないからでした。それにもかかわらず、達成度90％を目指すためには、「圧倒的な努力」をずっと続けなくてはなりません。

それなのになぜがんばれるのでしょうか。それは「好き」だからです。

親が子どもに対して、「プロ野球選手になりなさい」とか、「ピアノでショパンコンクールを目指して」などとがんばらせることはできません（無理にやらせようとすると、最悪の場合、子どもから「毒親」と思われてしまいます）。

スペシャリスト戦略の前提は、「好きなことしかがんばれない」ことです。そして、子どもがなにを好きになるかを、親が決めることはできません。

子どもは、自分が得意なこと（友だちのなかで目立てること）を無意識のうちに見つけて、それを好きになります。

これまでは（とりわけ日本では）なんでも平均以上にできるゼネラリスト戦略でうまくいきましたが、これからはスペシャリスト戦略でないと生き残れないといわれています。

どんどん賢《かしこ》くなるAIが、達成度80%くらいのことは簡単にできるようになると予想されているからです。

✤ロングテールの仕事とベルカーブの仕事を学ぶ

レベル●●

YouTuber（ユーチューバー）は小学生の「なりたい職業」で上位にあがる、人気のあるスペシャリストです。では、子どもから「YouTuberになりたい」といわれたら、どのように答えればいいのでしょうか。

そのためには、先にベルカーブとロングテールの話をしなければなりません。ベルカーブは統計学でいう正規分布、ロングテールはべき分布のことですが、小学生ではちょっと難しいので、図15のように描《か》いてみるのがいいでしょう。

大谷翔平はロングテール

スペシャリスト（専門家）には、「ロングテールの仕事」と「ベルカーブの仕事」があります。

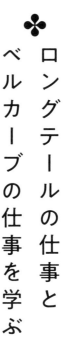

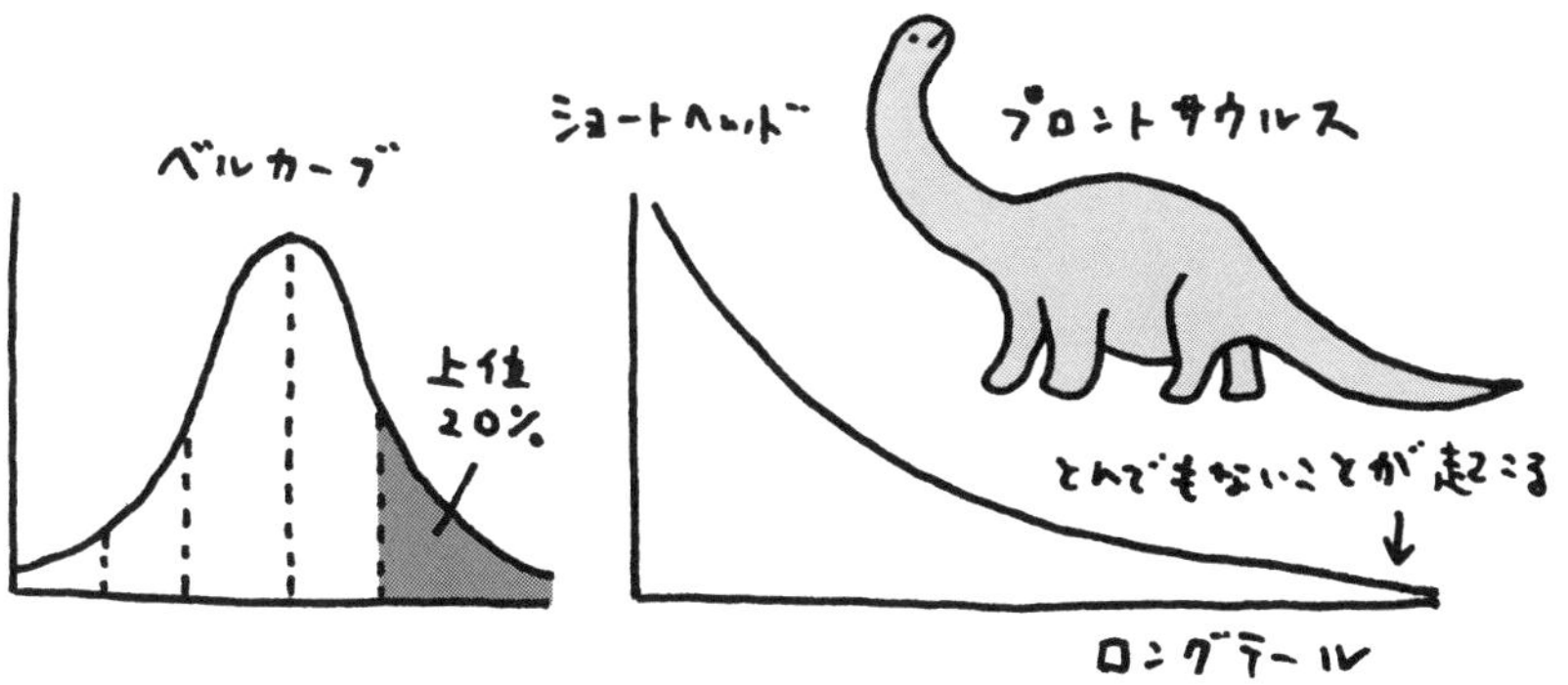

図15　ベルカーブとロングテール

ロングテールというのは、ブロントサウルスのような恐竜《きょうりゅう》に見立てて、そのテール（しっぽ）がどこまでも長く延びていくことをいいます。そして、このしっぽの先で「とんでもないこと」が起きます。

誰でもすぐに思いつくような有名人は、みんなロングテール（長いしっぽ）の先にいます。

「需要《じゅよう》と供給《きょうきゅう》の法則」は市場経済の大原則で、「たくさんあるものは価値が低く、少ししかないものは価値が高い」ことをいいます。ロングテールの住人は、ほんの少ししかいないからこそ、ものすごく価値が高いのです。

ここで世界中の野球選手を、縦軸を人数、横軸を人気度にして分類してみましょう（図16）。

ロングテールのいちばん端にいるのは、大谷翔平のような「特別なスター」です。そのすこし左には、プロ野球や大リーグの選手たちがいます。彼らもまた、野球の世界では「選ばれし者たち」です。

それに対して、もっとも人数の多い左端のショートヘッド（短い頭）には、草野球をしていたり、会社の同好会で

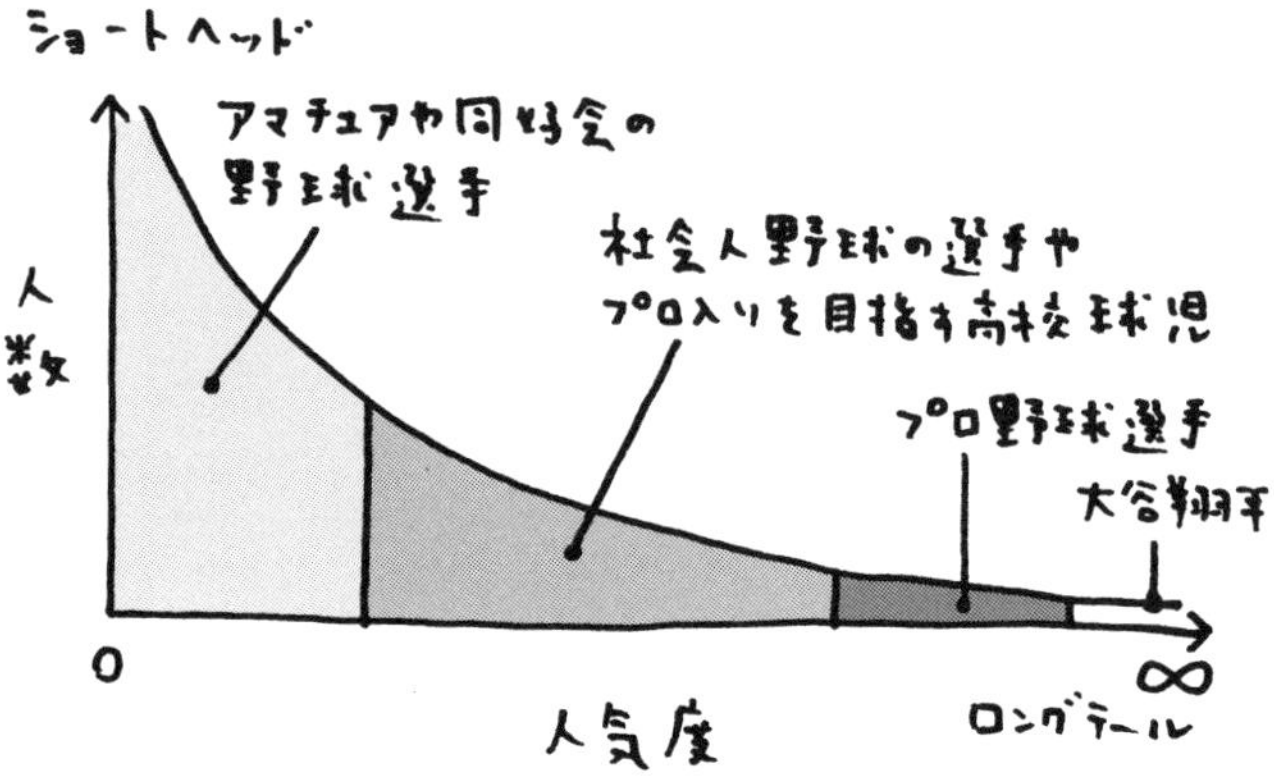

図16　ロングテールの端ではとんでもないことが起こる

野球を楽しんでいるアマチュアがいます。その中間にいるのは、社会人野球の選手や、プロを目指してがんばっている高校球児です。

スポーツ選手や起業家だけでなく、歌手や俳優、マンガ家や小説家、そしてYouTuberも「ロングテールの仕事」で、これには2つの特徴《とくちょう》があります。

①いったん成功してテールの端にいくとものすごく有名になる（そして大金持ちになる）。

②ほとんどの挑戦者《ちょうせんしゃ》が成功できずに競争から脱落《だつらく》していく。

それに対してベルカーブの仕事は、医者や弁護士、エンジニアやプログラマー、研究者など、「専門家」と呼ばれるような職業で、こちらも2つの特徴があります。

①専門家になると平均以上の収入を得られる（ただし大富豪にはなれない）。
②大学や大学院などの学歴があると、専門家になりやすい。

ロングテールの仕事はジャンボ宝くじのようなもので、当たると大きな名声と大きなお金が手に入りますが、ほとんどはハズレです。それに対してベルカーブの仕事は、当たりがたくさんあるものの、当せん金額の少ない宝くじのようなものです。

仕事を成功確率で考える

これを「努力の限界効用」で説明すると、ロングテールの仕事は達成度99％とか、99・9％以上ないと成功できません。

甲子園《こうしえん》に出るような選手は野球の達成度で上位1％に入るでしょうが、それでもほとんどはプロになれずに、別の仕事につくことになります（たとえプロになったとしても、やっぱりその一部しか成功できません）。

それに対してベルカーブの仕事は、達成度85％くらいでもそれなりの成功を手に入れることができます。世界的な名医にならなくても、医師という専門職になれば、平均よりもゆたかな生活が送れるでしょう。

ロングテールの仕事は、成果を出せるか、出せないかがすべてです。どんなに努力しても、三振《さんしん》ばかりの野球選手は、誰も評価してくれません。

それに対してベルカーブの仕事は時給の高い専門職で、(成果も大事ではあるものの)働いた時間によって安定した収入が得られます。

子どもは将来に大きな夢を描きますから、ロングテールの仕事に憧《あこが》れるのは当然です。それに対して、(マンガやドラマに出てくる医者や弁護士を除けば)ベルカーブの専門職のことはほとんど知らないでしょう。

親としては子どもの夢を応援《おうえん》する一方で、失敗者がたくさんいるからこそ、ロングテールの成功者が輝《かがや》くのだという現実もどこかで教えなくてはなりません。

ベルカーブの仕事で成功できるのは、だいたい20%くらいでしょう。学校の成績がよければ必ずうまくいくわけではありませんが、その多くが大学・大学院卒の学歴をもっていることも事実です。

ロングテールの仕事の成功確率が1%(100人に1人)とすれば、ベルカーブの仕事の成功確率はその20倍です。

YouTuberの成功確率は0・1%(1000人に1人)か、それ以下でしょう。だとすれば、ベルカーブの仕事の成功確率はその200倍以上になります。

「夢を追う」ということ

もうひとつ重要なのは、「はたらける期間」です。

スポーツ選手はロングテールの仕事ですが、肉体的な制約から、（三浦知良《かずよし》選手のような例外もありますが）プロサッカー選手が活躍《かつやく》できるのはせいぜい20年で、これは他の競技でもだいたい同じでしょう。

それに対して医師や弁護士などのベルカーブの仕事は、（105歳《さい》まで現役医師だった日野《ひの》原重明《はらしげあき》さんのように）健康ならいつまでも続けることができます。

たとえ毎年の収入が少なくても、はたらける期間が長ければ、生涯《しょうがい》の収入は多くなります。

「お金持ちになる」とは、生涯の収入が最大になるように人生を設計することです。

もちろん、ロングテールの仕事とベルカーブの仕事は、トレードオフ（どちらかを選んだら、もうひとつをあきらめなくてはならない）というわけではありません。

ロングテールの仕事でうまくいかなくても、ベルカーブの仕事で生きていくとか、ベルカーブの仕事をしながら、ロングテールの仕事で成功するチャンスを探すということもできるでしょう。

これが、YouTuberになりたい（ロングテールの仕事に憧れる）子どもも勉強したほうがいい理由です。

ただし、「ミュージシャンを目指す」「ゲーマーになりたい」など、時間資源《しげん》の有限性から、勉強とのトレードオフが生じることもあるでしょう。

子どもがこころの底から「やりたい！」と思っていることを、親が否定すると、あまりよい結果にはならないでしょう。それにいまは、「なにをしたらいいかわからない」という若者がたくさんいます。

だとしたら、それがどんなことであれ、「やりたいこと」が決まっているほうがずっといいかもしれません。

あと、他人事《ひとごと》としていうなら、たくさんの挑戦者がロングテールに挑《いど》むからこそ、わたしたちを楽しませたり、驚かせたりしてくれるスターが誕生します。数少ない成功者は、膨大《ぼうだい》な数の失敗者のなかからしか生まれないのです。

それに、成功する確率だってゼロではないのですから。

こう教えよう

子どもに「You Tuber になりたい」といわれたら、「圧倒的な努力をして、それでも成功できるのはごく一部だけど、ほんとうにやりたいんなら応援するよ」と答えましょう。

ステージ 4

人生で大事なことはすべてギャンブルが教えてくれる

☑ 確率的な出来事を理解する

レベル ●●

ゲーム4-1

サイコロを振《ふ》って、6の目が出ると100円もらえ、1の目が出ると100円失う。2、3、4、5の目が出た場合はなにももらえない。このゲームを10回やって、どうなるかを調べてみよう。

ギャンブルを嫌《きら》うひとがいますが、これは大きな間違《まちが》いです。なぜなら、ギャンブルは人生の縮図だからです。

ギャンブルは、**「リスク（不確実さ）のある選択《せんたく》」**と定義できます。

わたしたちの人生には、確実なものはなにもありません。

そう考えれば、**人生とは、小さなギャンブル（ときに大きなギャンブル）の積み重ね**です。

世の中には、すべてをゼロか1かで判断しようとするひとが（ものすごく）たくさんいます。

「このゲームにぜったいに勝てる」と決めつけて、全財産を賭《か》けて、もし負けてしまうと一文無しになってしまいます。

確率的な出来事をわかっていれば、「このゲームで勝てる確率は6分の1で、負ける確率も6分の1だから（サイコロで6の目と1の目が出る確率はそれぞれ6分の1）、損をするときのことも考えて賭け金を分割しよう」と考えることができます。

そのためにも、確率やリスク、リターンについて、安全な家庭でちゃんと学ぶことが大事になるのです。

確率的な出来事と因果的な出来事

「リスクとはなにか」を理解するには、ギャンブルの基本である「ゼロサム」ゲームについて先に説明しなければなりません。そのあとで、「プラスサム」と「マイナスサム」のゲームを見ていきましょう。

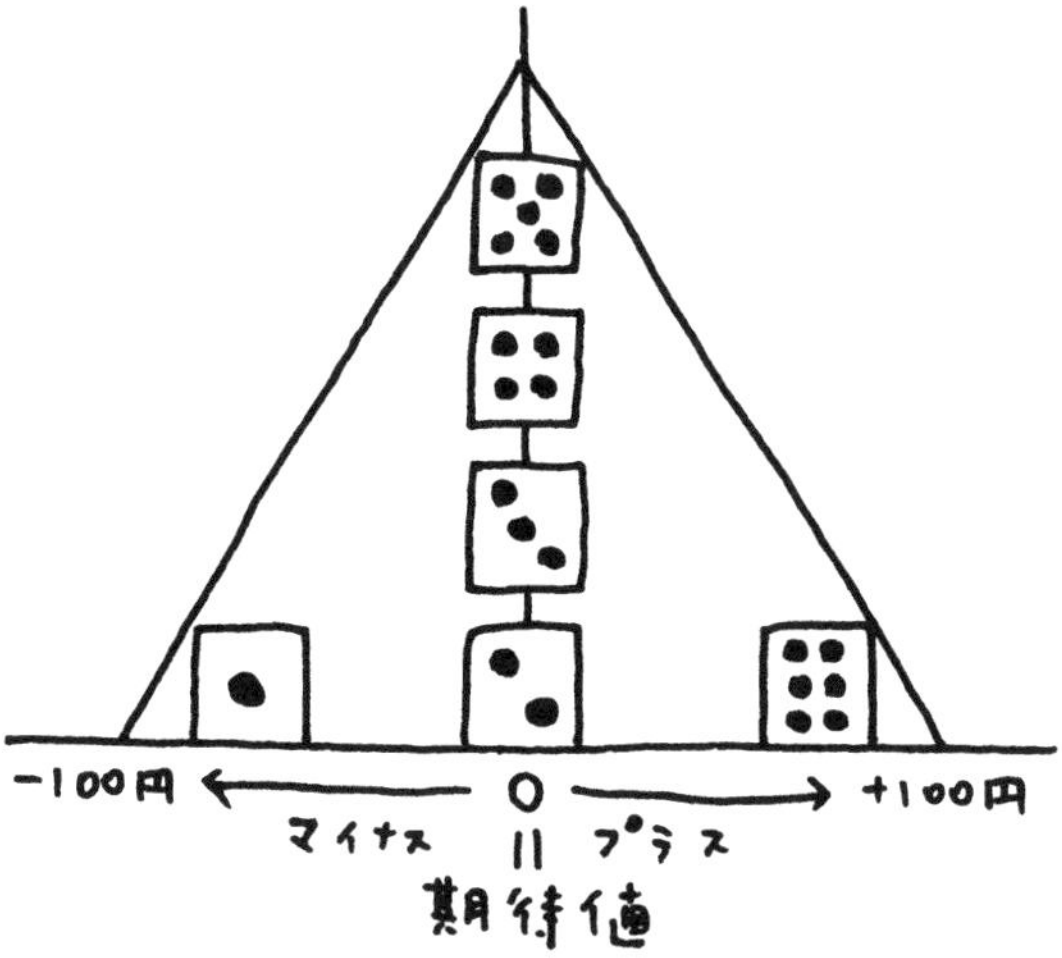

図17　ゼロサムゲーム

サイコロには1~6の6つの面がありますから、ゲーム4-1では、マイナス100円の(1の目が出る)確率は6分の1、プラス100円の(6の目が出る)確率も6分の1です。ゼロ円の(2、3、4、5の目が出る)確率は6分の4、すなわち3分の2になります。

ゼロ円を中心に、マイナス100円とプラス100円を底辺としてサイコロを並べると、図17のように、左右対称《たいしょう》の二等辺三角形になります。これを「ゼロサム」といいます。「サム(Sum)」は合計のことで、ゼロサムとは「合計するとゼロになる」という意味です。

このことを、サイコロを何度も投げて確かめてみましょう。

ときどきマイナス100円(1の目)やプラス100円(6の目)が出ますが、ゼロ円(2、3、4、5の目)の回数のほうが多く、合計がプラス300円やマイナス300円になることはあっても、プラス1000円やマイナス1000円になることは（「ぜったい」とはいえませんが）ありません。

たとえば、10回サイコロを投げてみると、図18のようになって合計（サム）はゼロになりました。

図18
サイコロを10回投げたら

	出た目	金額
1回目	5	0円
2回目	2	0円
3回目	4	0円
4回目	3	0円
5回目	4	0円
6回目	1	-100円
7回目	4	0円
8回目	4	0円
9回目	6	100円
10回目	5	0円
合計		0円

確率のあるゲームを繰《く》り返したとき、最終的（理論的）にはいくらになるかを「期待値」といいます。ゼロサムゲームでは、期待値は「ゼロ」です。

日常用語では、このゲームで（1の目が出て）100円損することを「リスク」、（6の目が出て）100円得することを「リターン」といいます。

でも統計学では、「リスク」とは儲《もう》かったり損をしたりすることで、「リターン」は期待値のことです。

リスク　結果が確率でしか予想できず、不確実なこと
リターン　リスクのあるゲームを繰り返したときの、最終的な結果（期待値）

「あることが原因になり、別のことが起こる」とわかっているなら、リスクはありません。

スイッチを押《お》すと電気がつく、というのは、電球が切れているのでないかぎり、結果を正しく予想できます（スイッチを押しても、電気がついたり、つかなかったりする、ということはありません）。

このように原因と結果がはっきりしていることを、**「因果関係」**といいます。**因果関係にはリスクがありません。**

脳は無意識のうちにリスクを嫌い、因果関係を好みます。

わたしたちは、確率的な出来事を理解するのが苦手で、すべてのことを因果論（原因と結果）で理解しようとします。なぜなら、そのほうが安心できるから。

お化けが怖《こわ》いのは、よくわからないからです。確率的な出来事も、よくわからない

1　期待値の計算式は「(1/6×-100)＋(1/6×100)＋(2/3×0)」

から怖いのです。

しかし世の中には、シンプルな因果的出来事よりも、確率的な出来事のほうがずっとたくさんあります。

だから、**確率的な出来事（統計学）を勉強すると、ライバルと差をつけることができる**のです。

統計学のパワー

ゲーム4-1は、**「マイナス100円からプラス100円までのリスクがある、リターン（期待値）がゼロ円のゲーム」**です。

このゲームでは、サイコロを振る回数が増えるほど、結果は期待値（この場合はゼロ）に近づいていきます。これを**「大数《たいすう》の法則」**といいます。

大数の法則が働くゲームでは、（何度も繰り返すのなら）結果は最初からわかっています。

確率的な出来事は、統計的には、結果がわかる因果関係になるのです。

統計学を知らないライバルは、このゲームをしても、6の目が出て儲かったり、1の目が出て損をしたりすることしかわかりません。

でも君は、リスクとリターンを計算することで、このゲームを繰り返したときの結果を正確に予測できます。

ただサイコロを振りつづけるのと、未来を最初から知っているのでは、勝負は最初から決まっています。これが**「統計学のパワー」**です。

ところで、結果（期待値）が最初からわかっているのなら、なぜギャンブルをするひとがたくさんいるのでしょうか。

それは、リスクがある（儲かったり損したりする）ことが面白いからです。

サイコロを振るたびに、どの目が出ても10円もらえるゲームを考えてみましょう。

これなら確実に儲かりますが、ちっとも面白くないでしょう。

ゼロサムゲームの世界観

ゼロサムは、**「どちらかが勝てば、どちらかが負ける」**ゲームです。

この世界に存在するお金が１００円だけで、花子さんが１００円もっていて、太郎君がなにももっていないとしましょう。

２人が住んでいる世界では１００円はものすごく貴重なので、どんなに太郎君が頼んでも、花子さんはぜったいに手放そうとしません。

それでも、太郎君にはその１００円がどうしても必要です。だとしたら、太郎君は花子さんから１００円を奪《うば》うしかありません。

これで、太郎君は１００円得して、花子さんは１００円損するので、合計（サム）

はゼロになります。

これが**「ゼロサムゲーム」の世界観**です。

戦国時代には、各地の武将が土地を奪い合っていました。

土地は限られていて、同じ土地を2人が同時に治めることはできません。どちらかがその土地を手に入れれば、もう1人はそこから出て行かなくてはなりません。

その当時、農業ができる土地はものすごく貴重でした。「この土地を私にください」とお願いしても、「いいよ」と譲《ゆず》ってもらえるなどということはありません。

だからこそ、このゼロサムゲームに生き残るために、武将たちは生命がけで戦ったのです。

✤ゲームのコストを学ぶ

レベル●●

期待値がゼロの「ゼロサムゲーム」は、誰かが勝つと誰かが負けますが、勝者と敗者が釣《つ》り合っているので、ある意味公平です。

だからこそ、囲碁《いご》や将棋《しょうぎ》からスポーツまで、ほとんどのゲームが「ゼロサム」になっているのです。

それに対して、期待値がプラスになったり、マイナスになったりするゲームもあり

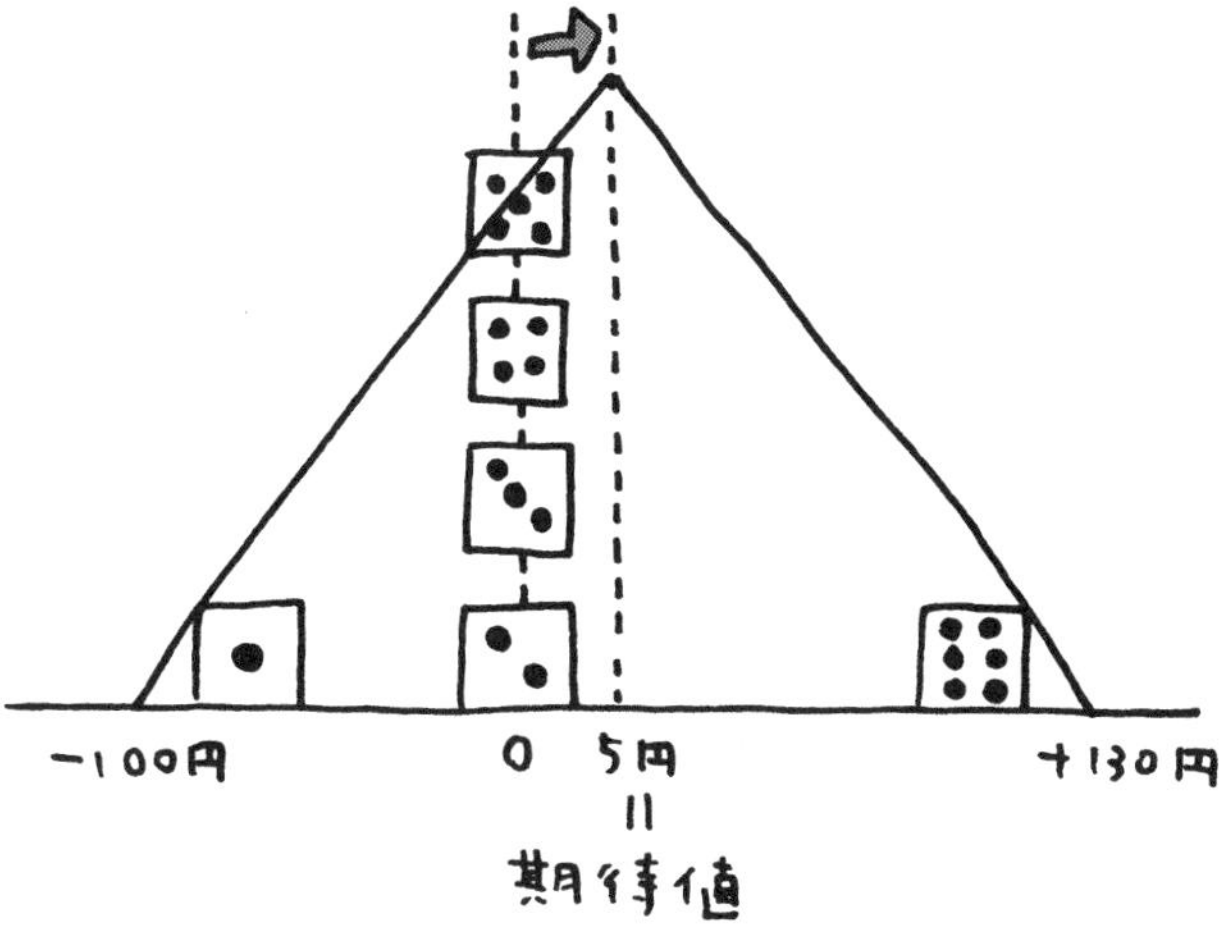

図19　プラスサムゲーム

ます。

図19はプラスサムのゲームで、１の目が出ると１００円を払《はら》い、６の目が出ると１３０円もらえます。このとき期待値（リターン）はプラス５円になりますが、計算式を覚えるより、すこしだけプラスの側に寄った三角形を書いたほうがわかりやすいでしょう[2]。

このゲームでは、サイコロを６回振るごとに平均して５円のリターンが期待できます（「たった５円」とバカにした君は、ステージ２の複利を思い出しましょう）。

プラスサムのゲームを長く続けることができれば、ときに損をすることはあるとしても、利益は複利で増えていくので、最後は大きなお金を手にできるのです。

それに対して図20はマイナスサムのゲームで、

2　期待値の計算式は「(1/6×130) + (1/6×-100) + (2/3×0)」

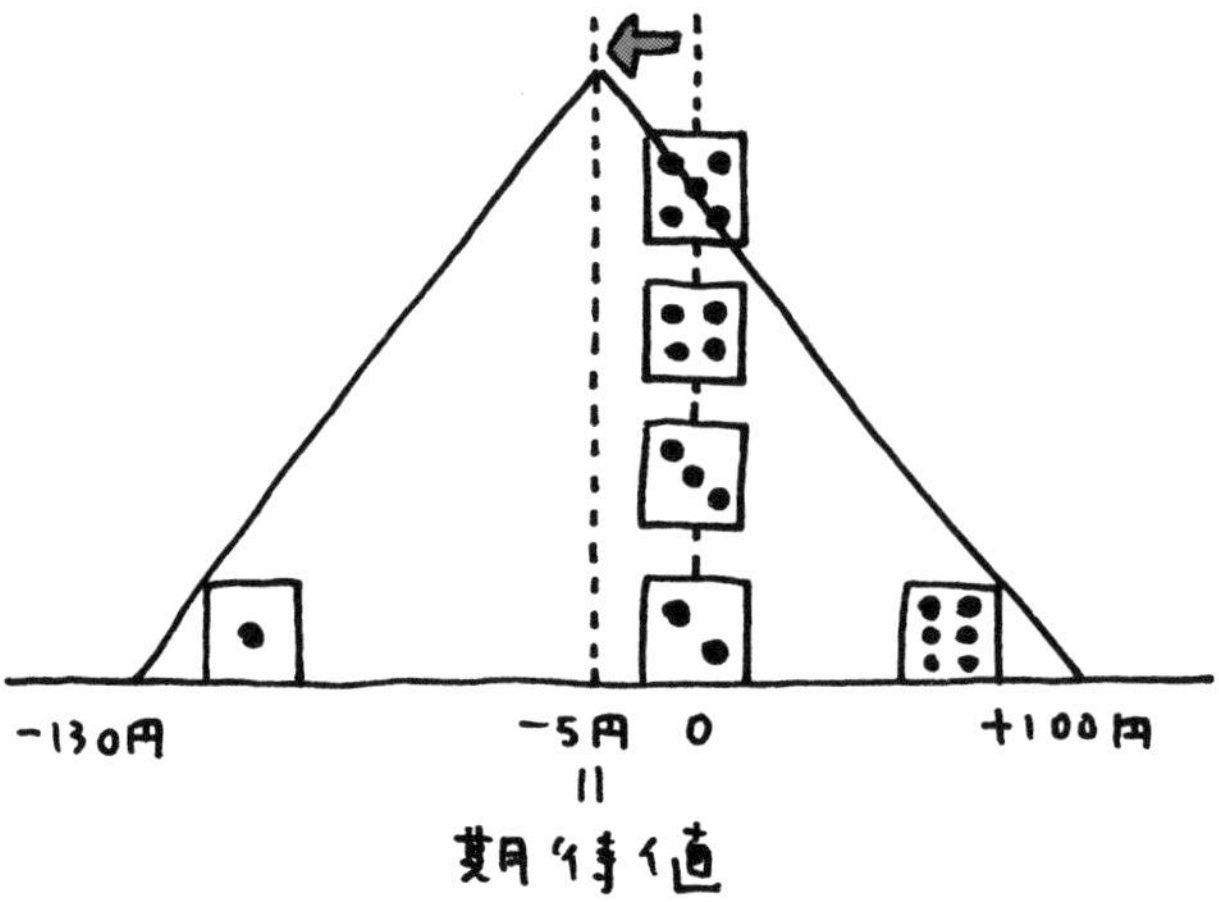

図20　マイナスサムゲーム

1の目が出ると130円を払い、6の目が出ると100円もらえます。この期待値（リターン）はマイナス5円で、三角形はすこしだけマイナスの側に寄っています。[3]

こちらのゲームでは、サイコロを6回振るごとにマイナス5円のリターンが〝期待〟できます（すなわち5円損します）。マイナスサムのゲームを長く続けると、お金がどんどん減っていってしまうのです。

カジノは必ず得をする

マイナスサムよりプラスサムのゲームをしたほうがぜったいに有利だということは、誰でもわかります。

でも現実には、ギャンブルにプラスサムのゲームはありません。もしプレイヤーが確実に勝てるのなら、カジノは損をしてあっという間につぶれてしまうでしょう。

ここで、「図19と図20は同じゲームを別々の視点から見たものではないか」と気づいたかもしれません。

サイコロを6回振るごとに平均して5円の損得が生じるゲームを、プラスサムの側から見るとカジノに、マイナスサムの側から見るとプレイヤーになります。

このゲームを繰り返すと、カジノは60回で50円、６００回で５００円の利益が期待できます。それに対してプレイヤーは、60回で50円、６００回で５００円損することが〝期待〟できるのです。

なぜこうなるかというと、ギャンブルには**「手数料（コスト）」**がかかるからです。ゲーム会社は、オンラインゲームをタダで遊んでもらっているだけでは、お金が入ってきません。カジノを始めようと思ったら、豪華《ごうか》な遊技場をつくり、たくさんのひとを雇《やと》わなくてはなりません。当然、莫大なお金がかかります。

カジノやゲーム会社のようにゲームを提供するのが「胴元《どうもと》」ですが、ここでは**「プラットフォーマー」**と呼びましょう。プラットフォームは「土台」のことで、みんながゲームを楽しむための土台（場所）をつくる仕事です。

プラットフォーマーは、参加者から手数料を受け取って、いろいろな面白いゲームを提供します。その代わり、ゲームの期待値を操作して、プレイヤーから手数料を徴《ちょう》

3 期待値の計算式は「(1/6×-130)＋(1/6×100)＋(2/3×0)」

収《しゅう》して利益にしているのです。

プラスサム（図19）とマイナスサム（図20）を合わせると、ゼロサムになります。

ゼロサムとは、有限の資源《しげん》を分け合うことでした。すべてのギャンブルは、プラットフォーマーが儲かれば儲かるほど、プレイヤーが損をする仕組みになっているのです。

コラム 子どもに「なぜギャンブルをしちゃダメなの？」と聞かれたら

マイナスサムのゲームは、手数料の分だけ損をしていきます。そうなると、「手数料は安ければ安いほどいい」ことに気づくでしょう。

ゲームの手数料は簡単な計算でわかるし、インターネットでも調べられます。

いちばん手数料の高いゲームは宝くじやスポーツくじで、手数料率は約50％なので、１００円を払うたびに50円がなくなって、賭け金は50円しか残りません。これではほとんどのひとが損をしてしまうので、経済学では、宝くじは「愚か者に科せられた税金」と呼ばれています。

次に手数料の高いゲームは、競馬などの公営ギャンブルで、手数料率は約25％なので、１００円を払うたびに25円がなくなって、賭け金は75円に減ってしまいます。

それに対してカジノでは、手数料率が1％くらいのゲームもあります。これだと、１００円に対して賭け金は99円です。

当然、手数料率の低いゲームのほうが勝つ可能性が高くなるし、長く遊ぶこともできます。

それでもマイナスサムなので、ずっと続けていると、やっぱりお金はなくなってしまいます（ギャンブルが好きなひとは、「大きく勝ったあとにやめれば儲かる」といいますが、それができたひとはほとんどいません）。

そのうえ、オンラインの対戦ゲームは、いまでは相手が人間かどうかわからなくなりました。

AＩはチェスや将棋、囲碁など、ほとんどのゲームで人間のチャンピオンより強くなりました。対戦相手がAＩのボット（ネット上のロボット）なら、そもそも勝てるわけがありません。

こう教えよう

子どもに「なぜギャンブルしちゃダメなの？」と聞かれたときは、「マイナスサムのゲームだからだよ」と答えましょう。[4]

4 参加者の全員が得をするプラスサムのゲームについては、ステージ6の市場取引のところで説明します。

「ぜったい儲かる」ゲームはぜったい損する

すべてのギャンブルは、プレイヤーがコスト（手数料）を払うマイナスサムになっています。

リスク（確率）とリターン（期待値）が公開されていれば、これは公正なゲームです。

プレイヤーは、最終的には損をするとわかっていても、手数料を払って「どきどき感」を楽しんでいるのです。

マイナスサムのゲーム（ギャンブル）で、最後は勝てるはずだと思っていると、お金をすべて失ってしまいます。でもこれは、統計をちゃんと理解していないプレイヤーが悪いので、「自己責任」になります（誰も同情してくれません）。

それよりも気をつけなくてはならないのは、「ぜったい勝てるゲームがあるけど、やってみない？」と誘《さそ》われたときです。

これまでの説明でわかるように、必ず勝てるゲームがあるなら、相手が必ず負けることになります。

だとしたらなぜ、そんな「おいしい話」を教えてくれるのでしょうか。

その理由は、「必ず勝てる」のが相手で、「必ず負ける」のが君だからです。

「サイコロのどの目が出ても１００円儲かる」ゲームというのは、相手に渡《わた》したお金がすべてなくなってしまう、「サイコロのどの目が出ても１００円損する」詐欺《さぎ》にちがいありません。

このことがわかっていると、「ぜったい儲かる話がある」といわれたときに、「だったら自分でやればいいじゃないですか」と正しく答えることができるようになります。

コラム 子どもに「なぜ約束を守らないといけないの？」と聞かれたら

市場《しじょう》では、あらゆる取引にコスト（手数料）がかかります。だとしたら、「その取引で得るものはコストに見合っているのか」をつねに考えなくてはなりません。これがコスパ（コストパフォーマンス）でした。

コスパがいいのは、コストのわりに満足度が高い商品やサービスです。逆に、満足度が低いのにコストが高いとコスパが悪くなります。

わたしたちは無意識のうちに、コスパのいいものに魅力《みりょく》を感じ、コスパが悪いものを避《さ》けています。

これを人間関係に拡張すると、「コスパのいいひと」と「コスパの悪いひと」がいることがわかります。コスパのいいひとは人気があり、コスパが悪いひとは人気がありません。

もっともコスパが悪いのは、ウソをついたり、だましたりするひとです。こういうひととかかわると、嫌な気分になるだけでなく、お金まで失ってしまうので最悪です。

次にコスパが悪いのは、約束を守れないひとでしょう。

「朝10時に駅に集合してみんなで公園に遊びに行く」という計画を立てたとしましょう。このとき1人だけ30分遅刻《ちこく》してくると、ほかのみんなはずっと待っていなければならないし、予定もくるってしまいます。すなわち、余計なコストがかかるのです。

逆にいうと、ちゃんと約束を守るのは「コスパのいいひと」なので、次に遊びに行くときも誘ってもらえます。

子どものときは、時間に遅《おく》れないように親や先生が注意してくれます。友だちは、「しかたないなあ」と許してくれるかもしれません。

でも大人になると、そんなことは誰もしてくれません。みんな忙《いそが》しいので、コスパの悪い相手につき合っている余裕《よゆう》がないのです。

約束を守れないと、まわりのひとたちは黙《だま》って去っていきます。

だからこそ子どものうちに、人間関係のコスパをよくすることを学んでおく必要があるのです。

こう
教えよう

子どもから「なぜ約束を守らないといけないの？」と聞かれたら、「コスパが悪くなって友だちから嫌われるからだよ」と答えましょう。

コラム 子どもに「なぜ親のいうことをきかないといけないの？」と聞かれたら

子どもは学校の勉強以外でも、いろいろなことを学ばなければなりません。しかしここにも、コストがかかります。

算数の九九は暗記してしまうのがいちばん簡単です。別のやり方を自分で一から身につけようとすると、ものすごく時間がかかるでしょう。

独学で相対性理論を発見するのはとんでもない才能の持ち主ですが、１９１５年にアインシュタインが発表したことをもういちど繰り返すのは、コスパが悪すぎます。

それだけの才能があるのなら、これまでの物理学の歴史を勉強したうえで、誰も解決できていない問題に挑戦《ちょうせん》したほうがずっといいでしょう。

「教えてもらったやり方でうまくいく」というのは、勉強やスポーツだけでなく、横断歩道の渡り方から電車の乗り方、挨拶《あいさつ》の仕方まで、日常のほとんどのことにあてはまります。

社会のルールは、たくさんのひとがこれまで繰り返し（場合によっては何千年もかけて）試してみて、うまくいったことの集まりです。たまたま（子どもが）思いついたやり方が、それよりうまくいくなどということは、ふつうはありません。**ほとんどのことは、教えられたとおりに（他人と同じように）やるのが、いちばんコストが安くなるのです**（「だったら、他人と同じになるだけじゃないか」という疑問はあとでもういちど考えます）。

子どもがいたずらをしたり、親を困らせたりするのは、「なにが許されて、なにが許されないか」の境界を確認するのが面白いからです。子どもにとっては、これはある種の〝冒険《ぼうけん》〟です。

それでもいずれは、みんなと同じことをするようになります。「自分ルール」のままでは友だちとしてのコストが高くなって、誰も遊んでくれなくなるからです。

こう教えよう

子どもから「なぜ親のいうことをきかないといけないの？」と聞かれたら、「そのほうがコスパがいいからだよ」と答えましょう。

☑ リスパの法則を理解する

レベル●●●

ゲーム4-2

ゲームAでは、1の目が出ると100円を支払《しはら》い、6の目が出ると100円もらえる。ゲームBでは、1の目が出ると1000円支払い、6の目が出ると1000円もらえる（それ以外はどちらもゼロ円）。手元に1000円のお金があるとして、どちらのゲームが有利だろうか。


「リスク」という言葉は、ふつうは「危険」のことをいいます。

ゲームで「このモンスターと闘《たたか》うのはリスクが大きい」というのは、「いまのレベルでは勝てそうもないから、ひとまず逃《に》げよう」という意味です。

これは間違いではないのですが、統計学でいうリスクは「儲かる可能性と損する可能性のばらつき」のことでした。

これを〝見える化〟すると図21になります。

ゲームAも、ゲームBも、サイコロを振って1の目が出るとお金を払い、6の目が出るとお金がもらえます。1か6が出る確率は、どちらも6分の1で同じです。

ゲームAは、勝つ（6の目が出る）と100円もらえ、負ける（1の目が出る）と

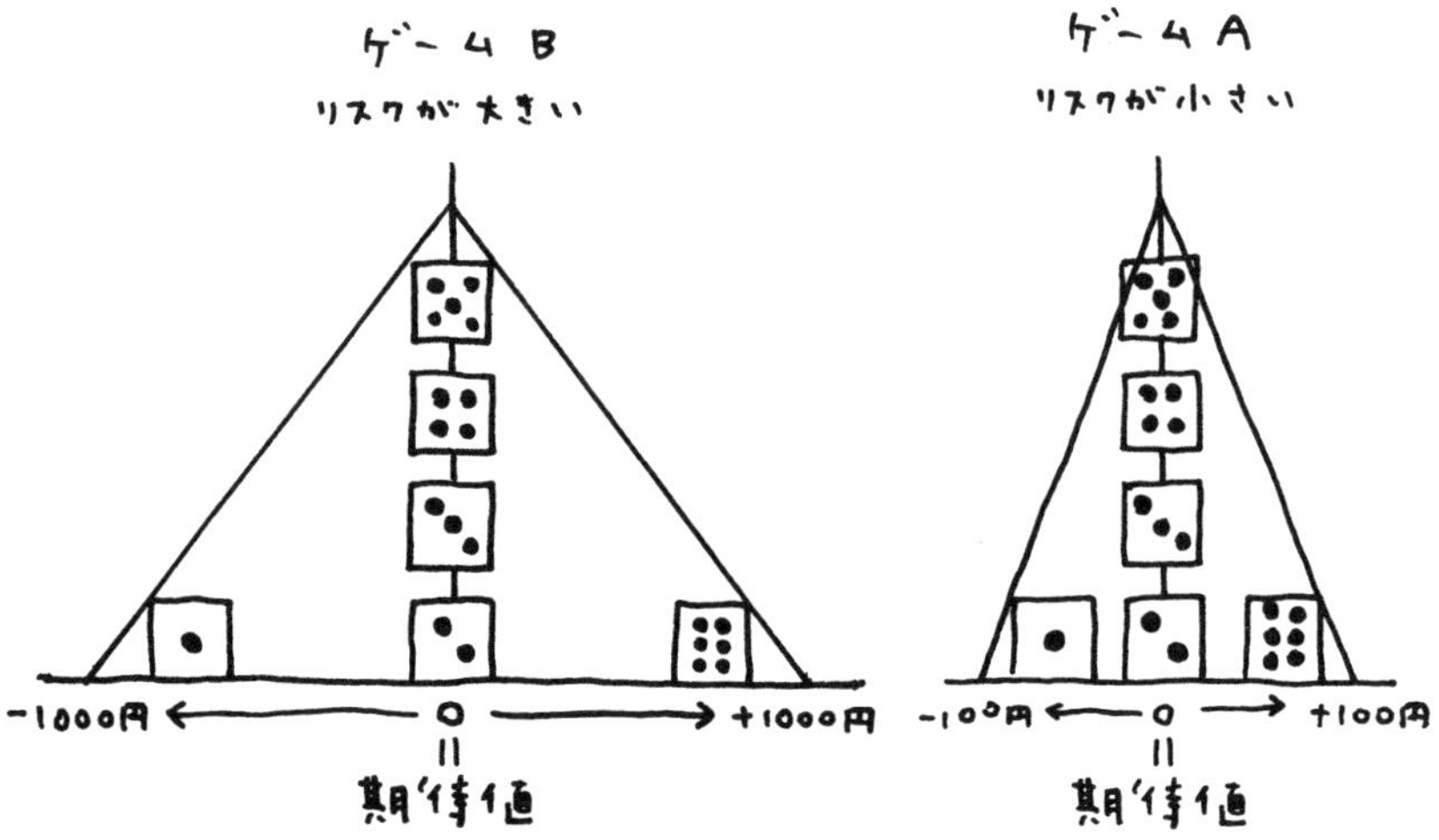

図21　リスクとは儲かる可能性と損する可能性のばらつき

１００円払います。

それに対してゲームBは、勝つと１０００円もらえますが、負けると１０００円払うことになります（期待値は、ゲームAでもゲームBでもゼロ円です）。

このとき、ゲームAを「リスクが小さい」、ゲームBを「リスクが大きい」といいます。

リスクが小さいゲームAでは、負けても１００円しか損しませんが、勝っても１００円しかもらえません。

リスクが大きなゲームBでは、負けると１０００円払わなければなりませんが、勝つと１０００円儲かります。

図21を見ればわかるように、リスクの大きさは三角形の底辺で表わせます。「勝ったら1万円もらい、負けたら1万円払う」というゲームだと、底辺はさらに長くなります（リスクがさらに大きくなります）。

勝ったときのことよりも、最悪のことが起きたときのことを考える

では次に、この2つのゲームを重ねてみましょう。[5]

図22では、ゲームAとゲームBは、リターン（期待値）がどちらもゼロ円で、リスクの大きさだけがちがいます。どちらかのゲームにチャレンジしなければならないとしたら、君ならどうしますか？

期待値がゼロ円ということは、このゲームを何度も繰り返すと、勝ち負けの合計はゼロに近づいていくということです。

だとしたら、どちらを選んでもいっしょのように思えます。運がよければ1000円もらえるゲームBのほうが魅力的だと感じるひともいるでしょう。

でもこれには、「リスクの小さなゲームを選んだほうがいい」という正解があります。

なぜそうなるのか、次のように考えてみましょう。

ものすごく運がよくて、2回続けて6が出たとしましょう。こういうことは、36回

5　統計学に詳しい方はおわかりと思いますが、これはリスクを直感的に理解できるように、三角形の底辺の長さに簡略化しています。より正確には、リスクは正規分布（ベルカーブ）の偏差（ばらつき）の大きさで表わされます。興味があれば、統計学の教科書で勉強してください。

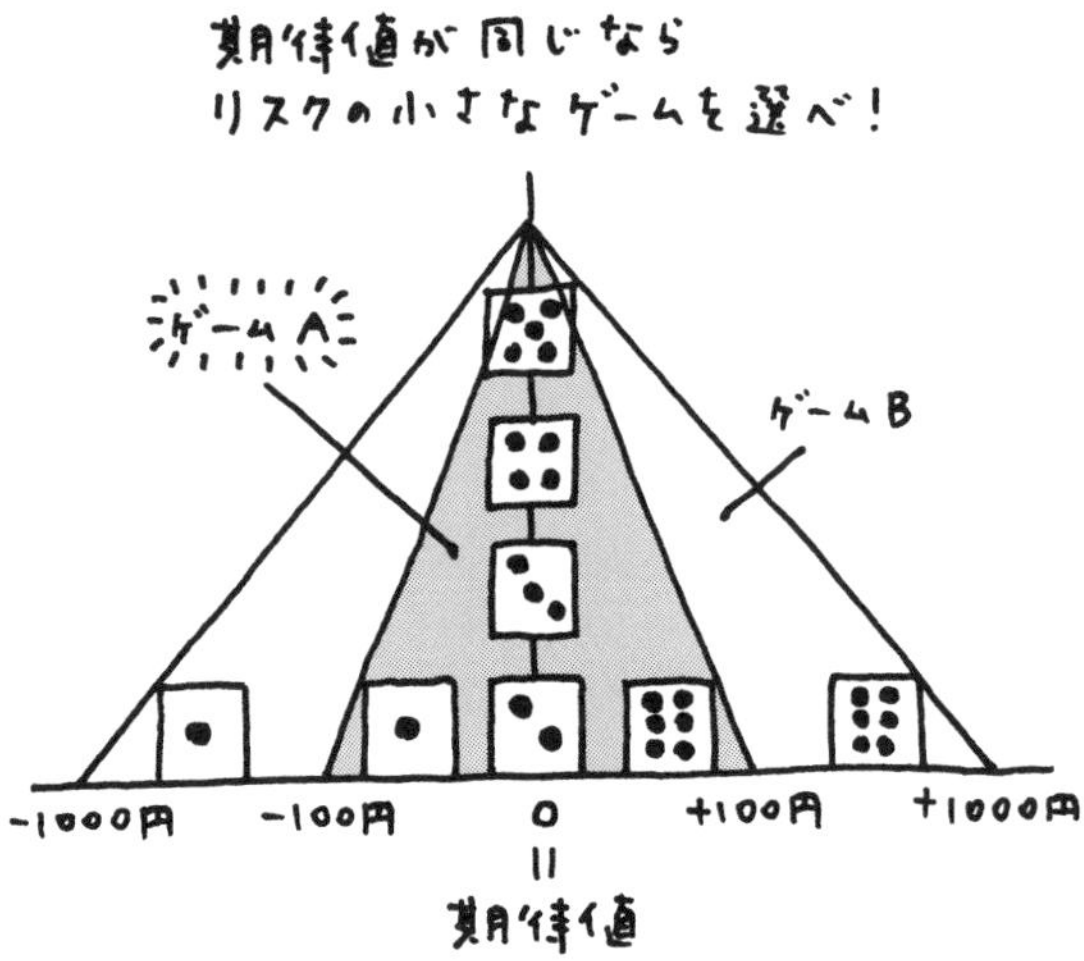

図22　リスパの法則①

に１回くらい起こります。

このときもらえるお金は、ゲームAだと２００円、ゲームBだと２０００円です。ここまでは、ゲームBが圧倒的《あっとうてき》に有利に見えます。

でもこのゲームを続けていくと、いずれ１が出てお金を払うことになり、合計は期待値のゼロに近づいていきます（これが大数の法則でした）。

それに対して、運が悪くて２回続けて１が出たとしましょう。こういうことも、36回に１回くらい起こります。

手持ちの資金は１０００円なので、ゲームAだと、２００円を払ってもまだ８００円残ります。勝ち負けの合計はいずれ期待値に近づいていくのですから、ここから挽回《ばんかい》することも十分可能でしょう。

ところがゲームBだと、最初に１が出たときに１０００円を払うので、手持ちのお金がなくなってしまいます。次に１が出ると、もう払うお金は

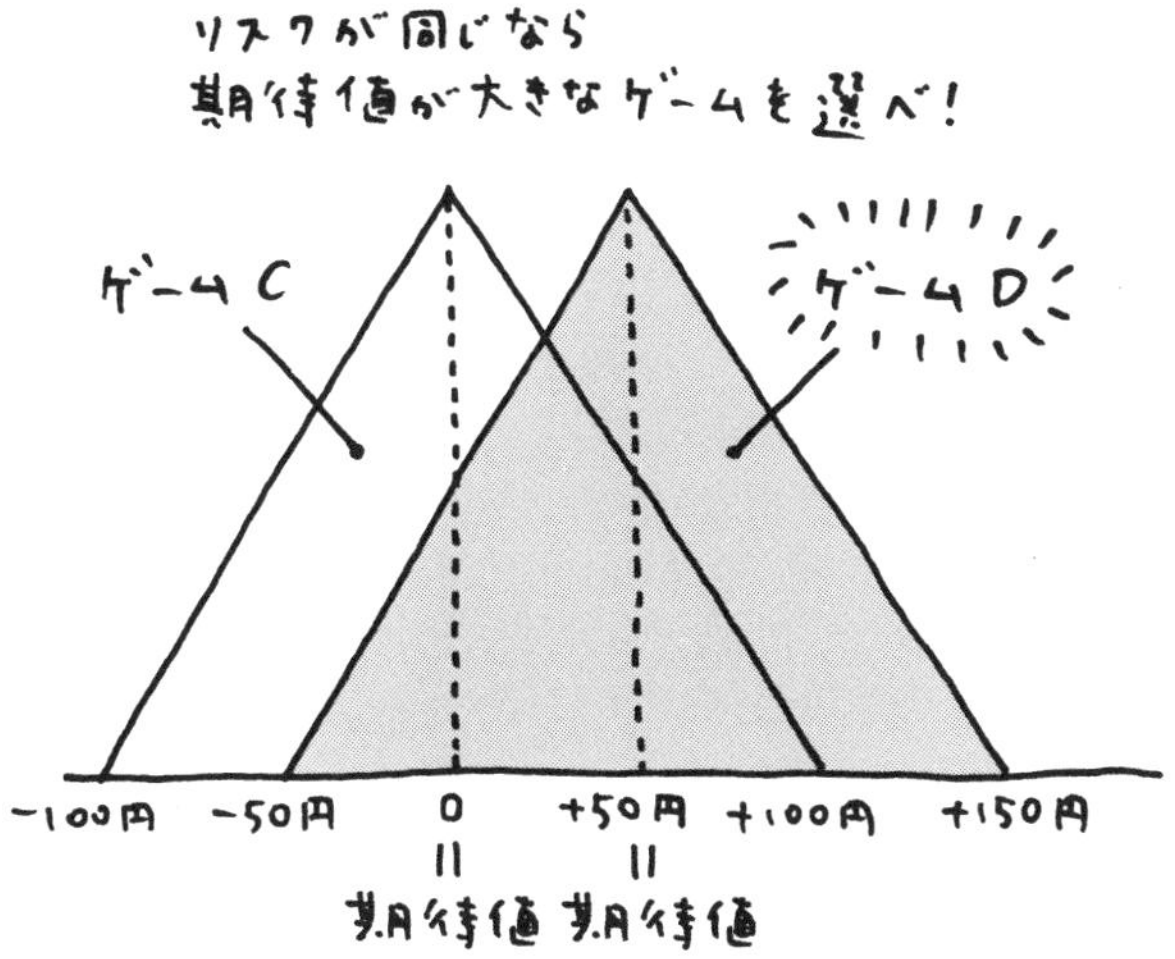

図23　リスパの法則②

ないのですから、ゲームオーバーです。

「リスパ（リスクパフォーマンス）の法則」で、もっとも大事なのは、次のルールです。

勝ったときのことよりも、最悪のことが起きたときのことを考える。

なぜなら、**人生というゲームはずっと続く**からです。だとしたら、ゲームオーバーになる（挽回不可能な状況《じょうきょう》になってしまう）ようなリスクをおかしてはいけません。

リスパの法則①は、**「期待値が同じなら、リスクが小さいほうを選べ」**です。

これを逆にすると、**「リスクが同じなら、期待値が大きなほうを選べ」**になります。ゲームCよりゲームDを選ぶのがリスパの法則②です（図23）。

ハイリスクに挑戦する

挽回できない大失敗をしないためには、つねに最悪のことを考えておく必要があります。でもそうなると、リスクの大きなチャレンジは、大きな資金をもつお金持ちだけができることになってしまいます。

「持てる者」には大きく儲かるチャンスがあり、「持たざる者」は小さなリスクでちょっとずつ稼《かせ》ぐしかないというのでは、ずいぶん不公平な世界です。

でもこれが正しいとすると、なぜ「持たざる（貧乏《びんぼう》な）」若者がハイリスクのベンチャー（起業）に挑戦するのでしょうか。この若者たちは、たんなる愚《おろ》か者なのでしょうか。

そんなことはありません。ベンチャーというゲームは、図24のようになっているからです。

ここではゲームEを、人生におけるリスクの小さな選択《せんたく》としましょう。会社に勤めてこつこつ働く、というのがこのパターンです。

それに対してゲームFは、人生におけるリスクの大きな選択で、ベンチャーに挑戦する（起業する）ことにあたります。

見てわかるように、ゲームFは、図22のゲームBとはかたちがまったくちがっています。その特徴《とくちょう》は次の2つです。

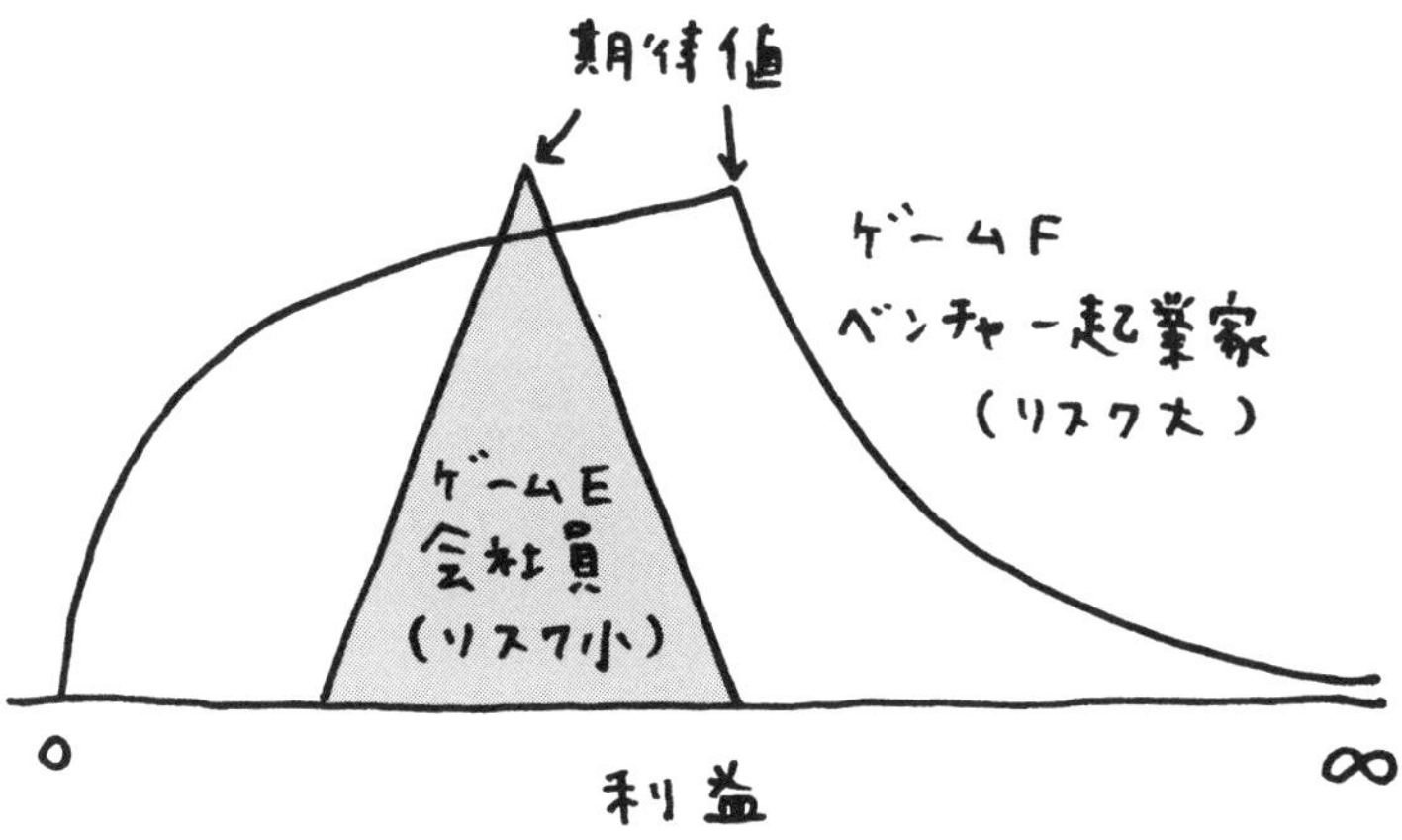

図24　ベンチャーは、損失は限定されていて、利益は無限大のギャンブル

①失敗したときの損失が限定されている。
②勝ったときの利益がものすごく大きくなる可能性がある。

失敗したら大きな借金を背負って、残りの一生を奴隷《どれい》のようにはたらかなくてはならないのなら、誰も起業しようなんて思わないでしょう。

そこで、日本でも海外でも、ほとんどの国で、お金を集めて新しいビジネスに挑戦したときは、失敗しても、払える分だけ払えばいい（借金は帳消しにする）というルールになっています。

そのうえ、個人資産30兆円のイーロン・マスクのように、ベンチャーで大きく成功したときの富はとてつもない金額になります。これによって、ベンチャーの期待値はプラスのほうに傾《かたむ》きます。

さらに、ベンチャーは繰り返しのゲームではなく、大半は1回きりの勝負です。「連続起業家」でも、挑戦の回数はせいぜい数回でしょう。

そうなると、結果は期待値に近づいていかないので、**「最初に大きく勝てば、そのまま勝ち逃げできる」**ことになります。

こうした条件が揃《そろ》うと、「リスクの小さな選択がつねに有利」とはいえません。ベンチャーとは、**「損失は限定されていて、利益は無限大のギャンブル」**のようなものです。

これは大きなチャンスなので、「このアイデアなら成功できる」と思う賢《かしこ》い若者たちが次々とシリコンバレーに集まってくるのです。

とはいえ、ベンチャーも典型的なロングテールの世界なので、成功できるのはごく一部で、ほとんどの挑戦者は失敗して消えていくことも知っておくべきでしょう。

確率のわからない不確実な世界

ここまで説明してきたのは、因果関係のように結果が確実に予測できるわけではないものの、「AならばBの範囲に収まる可能性が70%ある」というように、確率的に未来を予想できるケースでした。でもそのためには、あらかじめリスクとリターンがわかっていなければなりません。

カジノならこれでじゅうぶんですが、現実の世界では、リスクやリターンが大雑把《おおざっぱ》にしかわからないことがたくさんあります。

そんなときは、どう考えればいいのでしょうか。

じつはこの問いには正解がありません。それでも、次のことはいえるでしょう。

まず、「ぜったい成功する」とか、「失敗するに決まっている」と決めつけないこと。「ぜったい成功する」と思ってやってみたら、大失敗だったとしましょう。これでゲームオーバーです。

その一方で、「失敗するに決まっている」と思ってなにもしないなら、今日は昨日と同じで、明日は今日と同じという生活がえんえんと続くだけです。だったら、「生きている意味はどこにあるの？」ということになってしまいます。

次に重要なのは、リスクに対してできるだけ保険をかけておくことです。

切り立った崖を素手で登るロッククライミングはスリルがあって面白いかもしれませんが、足を踏み外せば落ちて死んでしまいます。そんなときのために、保険としての命綱があるのです。

そのうえで、主観的でかまわないから、リスクに対してもっともリターンが大きそうなものにチャレンジしてみること。それでうまくいけば大成功だし、そうでなければ、いったん元に戻《もど》って、別の道を試してみるのです。

確率のわからない不確実な世界での対処法は、迷路の攻略《こうりゃく》に似ています。確率の高そうな道を選んで、ダメだったらやり直すことを繰り返していけば、いずれはゴール（目的地）に到達できるでしょう。

ステージ 5

時間には値段がある

☑ 金利というタイムマシンを理解する

レベル●●

ゲーム5-1

テーブルに百円玉を2つ置き、1つはいますぐもらえ、もう1つは明日にならないともらえない。どちらの百円玉を選ぶか？（図25）

ゲーム5-2

テーブルに百円玉1つと、百円玉2つを置く。百円玉1つならいますぐもらえるが、百円玉2つだと1週間待たなければもらえない。どちらを選ぶか？（図26）

図 25　時間には値段がある ①

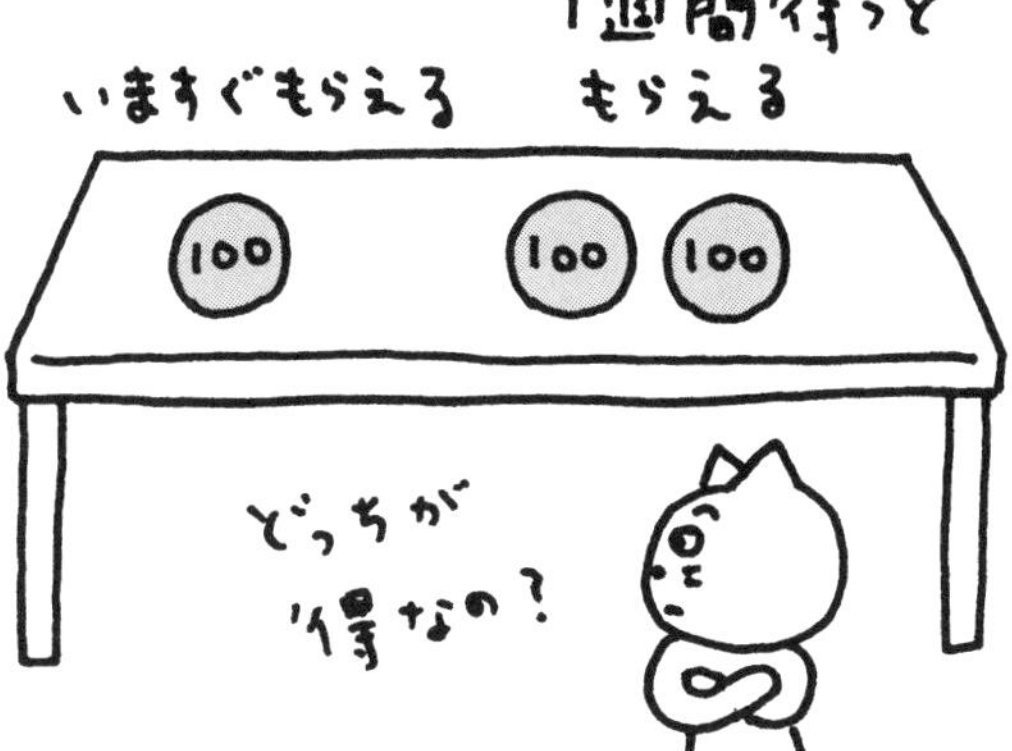

図 26　時間には値段がある ②

ゲーム5-1では間違《まちが》いなく、いますぐもらえる100円を選ぶでしょう。同じ100円なのに、1日待たなくてはならないのは、バカバカしいだけです。

いますぐ100円をもらえれば、そのお金でお菓子《かし》を買って食べられます。ところが明日もらえる100円では、お菓子を食べるのも1日待たなくてはなりません。

このように、待つことにはコスト（対価）がかかります。市場《しじょう》ではコストをお金で計算しますから、これは**「時間には値段がついている」**ということです。

このことをゲーム5-2で考えてみましょう。

このゲームでは、いますぐもらえる100円に対して、1週間後にもらえるのは200円です。1週間待つことに対して、100円の「おまけ」がついているのです。

この場合、「1週間の時間の値段は100円」になります。このおまけのことを、**「金利（利息）」**といいます。

時間には値段がついているので、待っていると、おまけ（金利）の分だけお金が増えていきます。これを逆にいうと、「おまけがないなら、お金を受け取るのを待つ意味がない」ということです。

「いまのお金」と「未来のお金」

ゲーム5-2では、「おまけを受け取るために1週間待つか、それともいますぐ100円を受け取るか」を選ばなければなりません。では、「1週間待てば100円が200円になる（おまけが100円）」というのは、得なのでしょうか、損なのでしょうか。

これは、どちらが正しいと決めることはできません。「1週間でお金が倍になるなら、ものすごく有利だ」とふつうは思うでしょうが、そうでないケースも考えることができます。

①おなかがものすごく空いていて、いますぐなにかを食べなければ倒《たお》れそうだ。

1週間待っているあいだに死んでしまうのなら、どれほど得しようと、将来のお金にはなんの価値もありません。

②「1週間で倍になる」という約束をぜんぜん信じられない。

相手がウソをついている可能性が高いのなら、いますぐ100円だけでも手に入れておくほうがマシです。

③1週間で倍以上にお金を増やす方法がある。

別のところにお金を預けると1週間で300円になるとしたら、いますぐ100円を受け取って、そこに預け替《か》えたほうが得です。

このように、時間には決まった値段があるわけではなく、金利はいろいろな条件で決まります。

目の前にあって、好きに使えるのを**「いまのお金」**、待っていればそのうちもらえる約束になっているものの、目の前にはない（すぐに使えない）のを**「未来のお金」**と呼ぶことにしましょう（経済学では、いまのお金を**「現在価値」**、未来のお金を**「将来価値」**といいます）。

このとき、「いまのお金」は必ず、「未来のお金」より値段が高くなります。いますぐ手に入るほうが、待たなくてはならないよりも、価値が高いからです。

逆にいうと、「未来のお金」は待つことのコストの分だけ、「いまのお金」より値段が安くなります。だからこそ、「いまのお金」と「未来のお金」を交換《こうかん》するときには、そのぶんだけ「おまけ」をつけなくてはならないのです。

金利とは、「いまのお金」と「未来のお金」の差です。

金利（時間の値段）＝「いまのお金（現在価値）」－「未来のお金（将来価値）」

タイムマシンでゲーム機を手に入れる

このことを、「タイムマシン」を使って説明してみましょう。

君にはどうしても欲しいゲーム機があって、値段は3万6000円ですが、おこづかいは別のことにぜんぶ使ってしまったとしましょう。パパやママにねだっても、「自分のお金で買うって約束でしょ」といわれてしまいます。

晩ごはんの後片づけをすると100円のおこづかいがもらえるので、1カ月で3000円になります。1年（12カ月）たつと3万6000円貯まって、ゲーム機が買えるようになります。

でもこれだと、いま友だちとゲームをして遊ぶことができません。ゲーム機は「いますぐ」欲しいのです。

そのためには、1年後のゲーム機が、いますぐ手に入るようにしなければなりません。でも、そんなタイムマシンがどこにあるでしょうか？

すぐに思いつくのは、「これから1年間、タダで晩ごはんの後片づけをするから、1年分のおこづかいを先にちょうだい」と交渉《こうしょう》することでしょう。

でも、「そんな約束は信用できない」といわれてしまうかもしれません。パパやママを説得するには、「おまけ」をつけなくてはならないのです。

そこで1年間のお手伝いに加えて、さらに1カ月間、タダで晩ごはんの後片づけをすると約束します。

これならパパやママは、将来払《はら》わなければならない3000円分のおこづかいが節約できます（君は3000円分のおこづかいを損します）。

この約束（契約《けいやく》）が成立すると、1年分のおこづかい（3万6000円）を先に受け取って、ゲーム機を買うことができます。

このように考えると、**金利（時間の値段）**とは**「タイムマシンの乗車賃」**だとわか

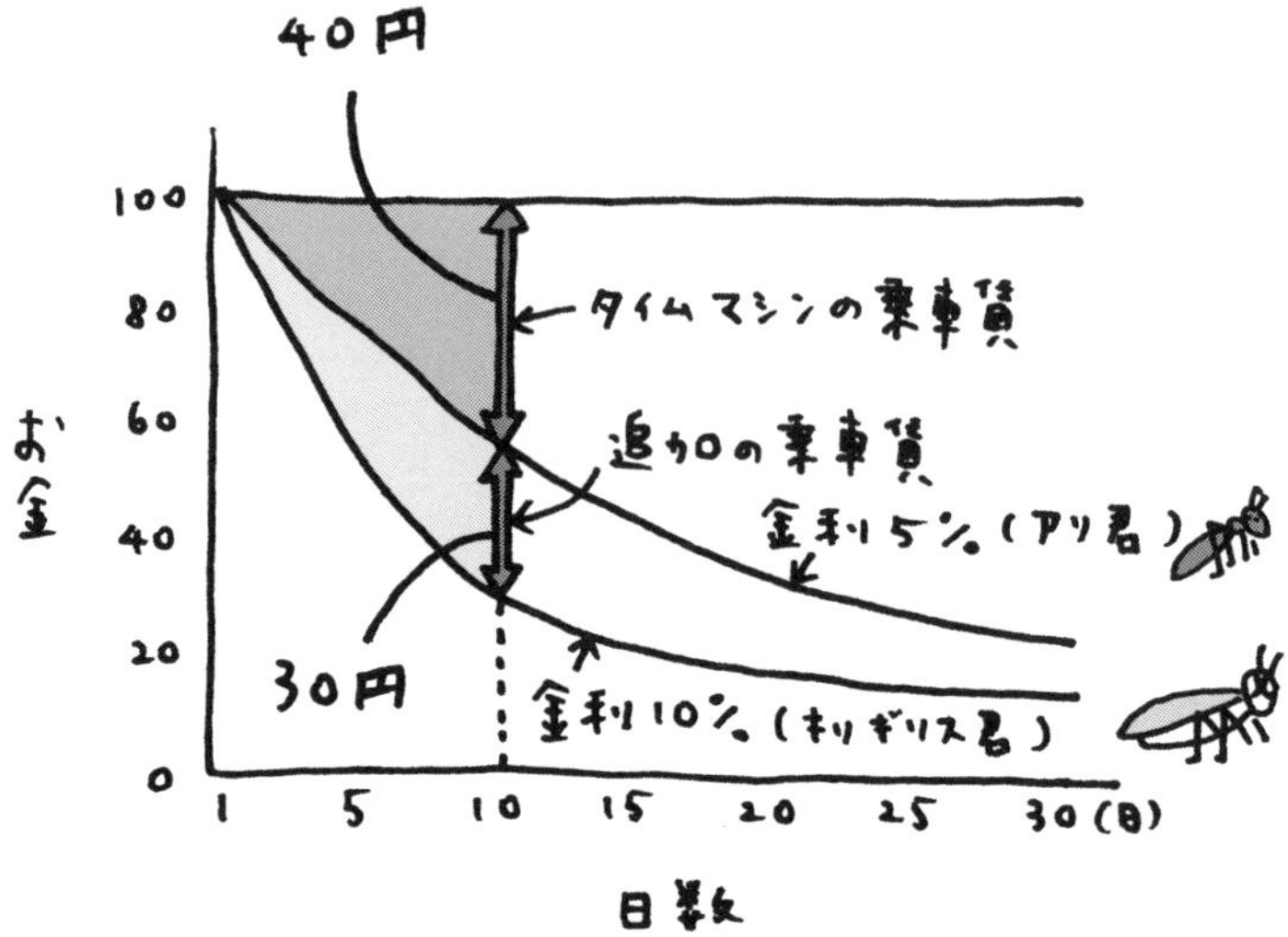

図27　タイムマシンの乗車賃

ります。

君は３０００円の乗車賃を払うことでタイムマシンに乗り、１年後のゲーム機を目の前にもってくることに成功したのです。

タイムマシンの乗車賃を計算する

タイムマシンの乗車賃は、金額ではなく割合（金利）で表わすのがふつうです。これは、「いまのお金」に対して、「未来のお金」がどれくらい安くなるかで決まります。

金利が高いと、「未来のお金」は「いまのお金」に比べてものすごく安くなります。それに対して金利が低いと、「未来のお金」は「いまのお金」に比べて、それほど安くなりません。

このことを、金利（乗車賃）５％と１０％で比べてみましょう（図27）。

金利5％だと、1日あたり5％ずつお金が減っていきます。「いまのお金」が100円だとすると、これと同じ価値をもつ10日後の「未来のお金」は約60円（正確には57円）です。

それに対して金利10％だと、1日あたり10％ずつお金が減っていくので、10日後の「未来のお金」は約30円（正確には31円）にしかなりません（計算式は省略するので図27を見てください）。金利とは「いまのお金」と「未来のお金」の差でした。

金利5％のタイムマシンの乗車賃は40円（100円－60円）で、金利10％のときの乗車賃は70円（100円－30円）になります。金利10％のときは、金利5％に比べて30円の追加乗車賃を払わなければなりません。

金利が上がれば上がるほど、タイムマシンの乗車賃も高くなっていくのです。

- **金利が低い＝時間の値段が安い**
- **金利が高い＝時間の値段が高い**

という法則を覚えておきましょう。

お金を貸すひとと借りるひと

図27を見て、ステージ2で出てきた複利の図（図9）に似ていると気づいたかもし

れません。

じつは、金利の分だけお金が増えていくのと、金利の分だけ（「いまのお金」から「未来のお金」へと）お金が減っていくのは、鏡に映したように、同じことを反対側から見ているのです。

お金を借りてタイムマシンの乗車賃を払うひとがいるのなら、お金を貸してタイムマシンの乗車賃を受け取るひとがいるはずです。

パパは、「60円のお金が10日後に100円になるくらいの乗車賃（金利5％）を払ってくれれば、タイムマシンに乗せてあげるよ」といいます。

それに対してママは、「30円のお金が10日後に100円にならないと（金利10％）、タイムマシンには乗せないよ」といったとしましょう。

この場合は、ママではなくパパのタイムマシンに乗るべきです。

①お金を借りるなら、金利が安いほうが有利
②お金を貸すのなら、金利が高いほうが有利

市場では、お金を借りたいひとと貸したいひとが条件を出し合って、交渉がまとまったところで金利（時間の値段）が決まるのです。

✤「未来の自分」を大切にすることを学ぶ

レベル●●

ゲーム5-2 では、「1週間でお金が2倍に増えるなら待つ」という子もいれば、「いますぐ１００円欲しい！」という子もいるはずです。

子どもから「いますぐ１００円欲しい」といわれたら、「いくらのおまけがつけば1週間待つの？」と聞いてみましょう。

この質問に対しては、「３００円に増えるなら1週間待つ」という子もいれば、「１０００円に増えたとしても、いますぐ１００円欲しい」という子もいるでしょう。

このとき、少ないおまけで待つのが「アリ君」、たくさんおまけをもらっても待たないのが「キリギリス君」です。

「未来のお金」をタイムマシンを使って「いまのお金」に変換《へんかん》するとき、どれくらいの乗車賃を払うかは一人ひとりちがいます。

図27で説明すると、「40円の乗車賃（金利5％）ならタイムマシンに乗るけど、70円（金利10％）なら乗らなくてもいいや」と思う子もいれば、「70円（金利10％）の乗車賃を払ってもどうしても乗りたい！」という子もいます。

この場合は、40円までしか乗車賃を払わないのがアリ君、70円の乗車賃を払うのがキリギリス君になります。

アリ君とキリギリス君では、「未来のお金」につける値段がちがいます。

アリ君は、いまの１００円に対して、10日後の１００円には60円分の価値があると思っています。それに対してキリギリス君は、30円分の価値しかないと考えています。

「未来のお金」の価値が低いということは、そのぶん「いまのお金」の価値が高いということです。キリギリス君は、よっぽど大きなおまけをつけないと、「いまのお金」をあきらめようとは思いません。

それに対して「未来のお金」の価値が高いと、そのぶん「いまのお金」の価値は低くなります。アリ君は、小さなおまけでも「いまのお金」をあきらめて、お金が増えるまで待とうとします。

キリギリス君は「いまの自分」を大切にしますが、アリ君は「将来の自分」を大切にするのです。

「いまの自分がすべて」のキリギリス君は、タイムマシンにどれほど高い乗車賃を払っても気にしません。これだと欲しいものはいますぐ手に入りますが、乗車賃が高いぶんだけ、お金はすぐになくなってしまいます。

それに対してアリ君は、「こんなに高い乗車賃を払ったら、将来の自分がお金がなくなって困るかもしれない」と考えます。欲しいものがあったとしても、お金が貯まるまでがまんするのです。

コラム 子どもに「どうすれば成功できるの？」と聞かれたら

いまのお金より未来のお金を大切にするアリ君タイプを「堅実性《けんじつせい》が高い」といいます。未来のお金よりいまのお金を大切にするキリギリス君タイプは、「堅実性が低い」になります。

そしてここが重要なのですが、日本でも世界でも、堅実性の低いキリギリス君よりも、堅実性の高いアリ君のほうがずっとよい人生を送ることがわかっています。その理由は、もうわかるでしょう。

「いまの自分」のことしか考えないキリギリス君は、もらったお金をすぐに使ってしまいます。アリ君はお金を使わずに、「未来の自分」のためにとっておこうとします。そしてこのちがいは、「複利の法則」によってどんどん開いていくのです。

このことを子どもに教えるなら、子どもと一緒《いっしょ》に映画やドラマの撮影現場を見学に行くといいでしょう。そこではカメラマンや録音技師、スタイリストやヘアメイクなど、たくさんのスタッフが撮影の準備をしているはずです。

そのとき主演俳優が、「寝坊した」とか「今日はやりたくない」といって、仕事をすっぽかしたら、すべての準備が無駄になってしまいます。そんな俳優は、どれほど人気があっても、次からは呼ばれないでしょう。

これは俳優だけでなく、歌手、お笑い芸人、スポーツ選手……など、すべての仕事に当てはまります。

有名になればなるほど、仕事でかかわる人数が増えるので、必ず約束を守らなければならないのです。

すべての成功したひとに共通する性格はただひとつ、堅実性がきわめて高いことです。

これを簡単にいうと、**「未来の自分を大切にしたほうが、人生はうまくいく」**になります。

こう教えよう

子どもから「どうすれば成功できるの？」と聞かれたら、「いまの自分だけでなく、未来の自分も好きになりなさい」と答えましょう。

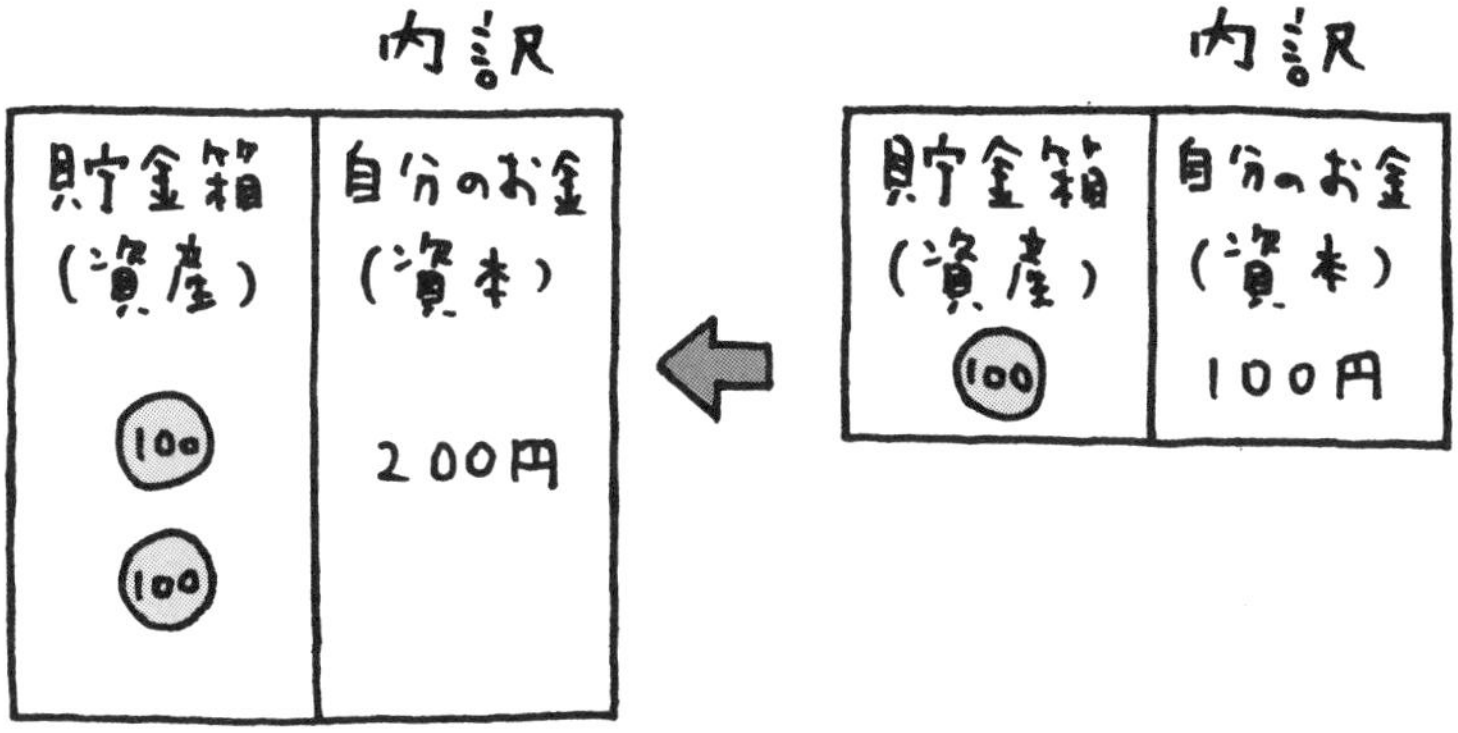

図28　100円の資産が倍になったら

☑ レバレッジを理解する

レベル●●●

これはうまくゲームにできないので、〝見える化〟して説明します。

紙に四角い貯金箱を描《か》いて、そこに百円玉を1つ置きます。その右側に、貯金箱にあるお金の内訳（それがどのようなお金なのか）の説明を書きます。

この100円は「自分のお金」で、これを**「資本」**と呼びます。一方、貯金箱のお金が**「資産」**です。

てこを使ってお金を増やす

なにかラッキーなこと（机の引き出しから百円玉を見つけた、とか）があって、貯金箱の100円が倍の200円になったとしましょう。すると、資本（自分のお金）も200円になります（図28）。

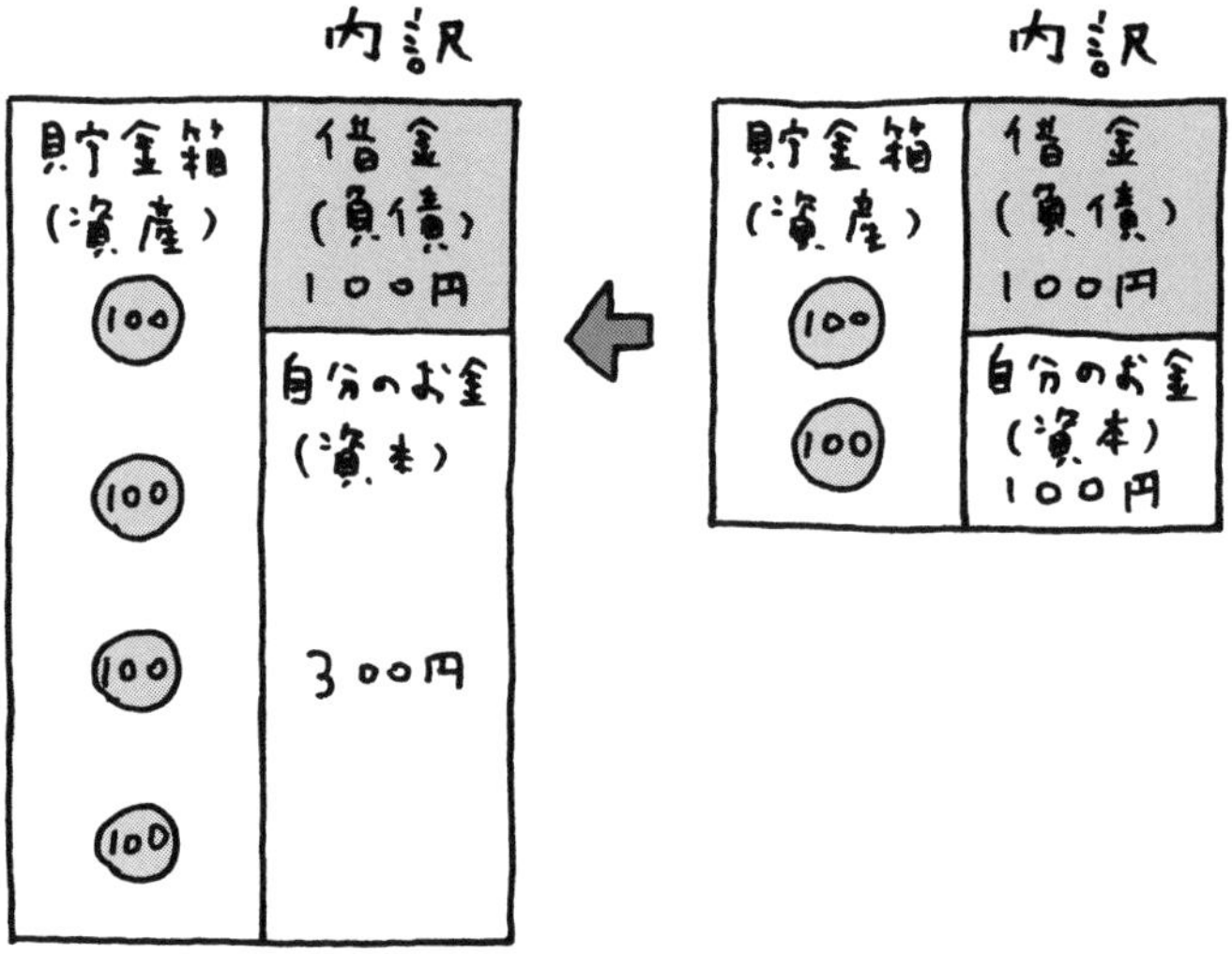

図29　200円の資産が倍になったら

では次に、パパやママから１００円借りて、それも貯金箱に入れることにしましょう。貯金箱には百円玉が2つありますが、そのうち1つは資本（自分のお金）ではないので、別にしなければなりません。この借りたお金を「借金（**負債**《ふさい》）」としましょう。

ここでもなにかラッキーなことがあって、貯金箱のお金が2倍になりました。百円玉2つが、4つに増えたわけです。

ここで注目してほしいのが、貯金箱の内訳です。図29では、驚いたことに資本が３００円になっています。資産（貯金箱のお金）が2倍になっただけなのに、資本（自分のお金）は3倍に増えたのです。

なぜこんな不思議なことが起きるかというと、**貯金箱のお金が増えても、借りたお金は変わらない**からです。そのため、自分のお金＝資本だけが増えているのです。

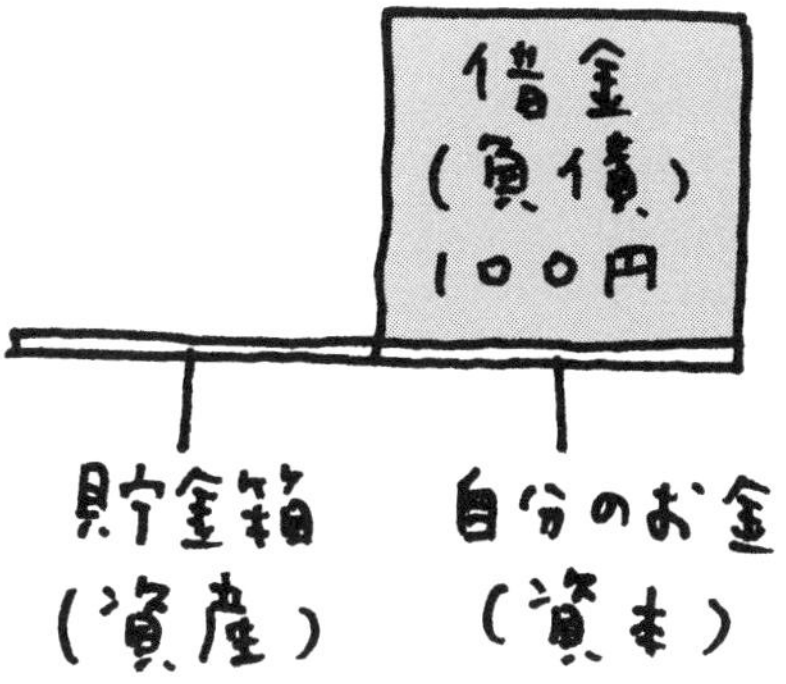

図30　お金をぜんぶ使ってしまったら

借金（負債）のこの効果を**「レバレッジ（てこ）」**といいます。

よいこともヒドいことも倍になる

理科の実験で習ったように、てこを使うと重いものでも簡単にもち上げることができます。

それと同じように、投資にレバレッジをかけると、資本を簡単に増やすことができます。

でもここには、大事な注意点があります。「レバレッジがうまくいくのは、貯金箱のお金が増えたときだけ」で、「貯金箱のお金が減ったときはヒドいことになる」のです。

図29の状態で、400円に増えたお金をすべて使ってお菓子を買い、貯金箱のお金がなくなると、図30のようになります。

貯金がゼロだと資本もゼロになりますが、借りたお金は減りません。その結果、お金がないのに借金だけが残ることになるのです。

2倍のレバレッジをかけると、うまくいったときは「よいこと」が倍になります。失敗すると、「ヒドいこと」が倍になります。

借金でレバレッジをかけると、得することも、損することも、その結果が拡張されます。

レバレッジは「倍返し」のようなものなのです。

コラム 子どもに「なぜ借金しちゃいけないの？」と聞かれたら

借金には、魔法《まほう》のようなパワーがあります。

ひとつは、未来を現在にタイムトリップさせること（住宅ローンでマイホームを買うのは、もっともよく使われるタイムトリップです）。

もうひとつが、投資にレバレッジをかけると、小さなお金で大きく儲《もう》けられることです。

でも物語によくあるように、魔法には必ず罠《わな》があります。

ここで、「大きな損をする可能性があるときは、リスクは避《さ》けたほうがいい」という話を思い出してください。

レバレッジは、リスク（儲かる可能性と損する可能性）を2倍や3倍、あるいはそれ以上に膨《ふく》らませます。そして、レバレッジが高いほど、リスクを管理するのが難しくなります。

レバレッジをかけることがすべて悪いわけではありませんが、大きなリスクを考えれば、魔法を使うときは慎重《しんちょう》にならなければなりません。

なによりも、大きな借金をして、返済できずに破産するひとがたくさんいるのですから。

こう教えよう

子どもから「なぜ借金しちゃいけないの？」と聞かれたら、「ほとんどの場合、レバレッジをかけても、リスクに見合うリターンがないからだよ」と答えましょう。

ステージ 6
市場《しじょう》でお金を生み出すには

☑ 市場取引を理解する

レベル●

ゲーム6-1

太郎君は白い石を4つ、花子さんは黒い石を4つもっている。それぞれの石は1つ50円、2つで100円の価値があるが、同じ色が3つ以上になっても価値は変わらない（3つめも4つめもゼロ円）。太郎君と花子さんがどちらも得をするにはどうすればいいか？（図31）

このゲームでは、白い石も黒い石も2つで100円（1つ50円）の価値がありますが、3つ以上の石にはなんの価値もありません。なぜでしょうか？

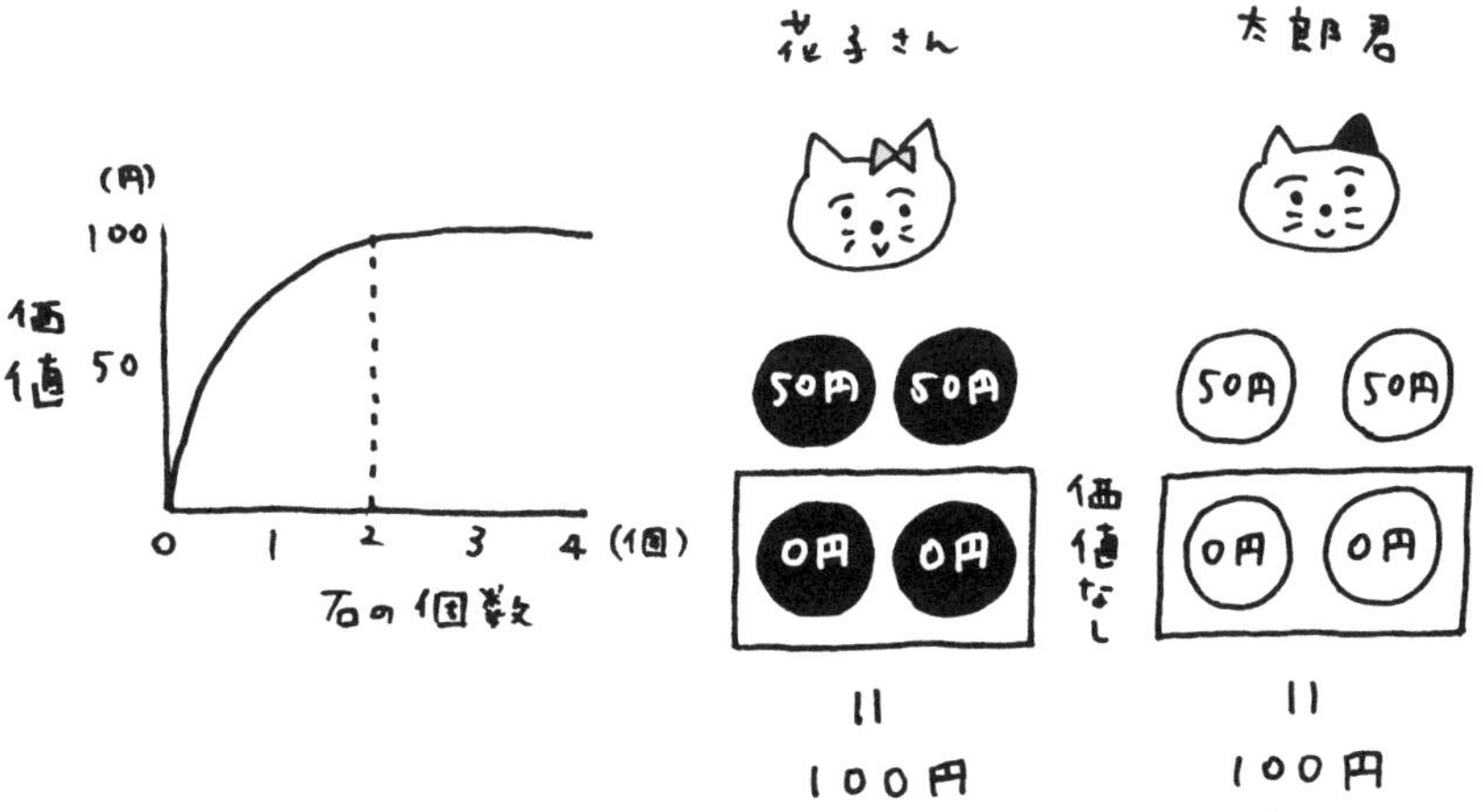

図31　太郎君と花子さんの資産

ここで、ステージ2で学んだ「限界効用《げんかいこうよう》の逓《てい》減《げん》」を思い出しましょう。白と黒の石の効用（価値）は2つで100まで上がりますが、そこから増えなくなるのです。

キノコと魚の交《こう》換《かん》

太郎君は山でキノコを採り、花子さんは海で魚を釣《つ》っているとしましょう。この場合、白い石がキノコ、黒い石が魚になります。

キノコは2つまで、魚は2匹《ひき》までなら美味《おい》しいのですが、お腹がいっぱいになって、それ以上は食べられません。冷蔵庫がないので、そのまま置いておくと腐《くさ》ってしまいます。

太郎君は、キノコは飽《あ》きたので、ひさしぶりに魚を食べたいと思っています。花子さんは、魚は飽きたので、ひさしぶりにキノコを食べたいと思っているとしましょう。

だったら、太郎君のキノコと、花子さんの魚を

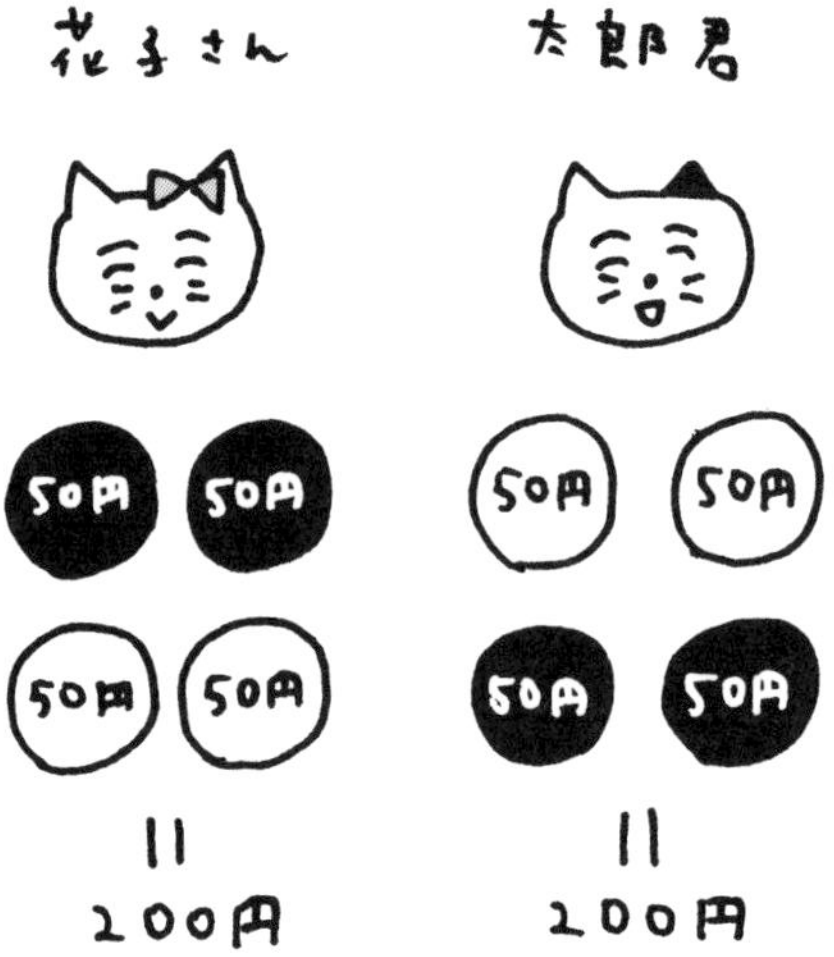

図32　物々交換をしたあとの太郎君と花子さんの資産

交換すればいいのではないでしょうか。

太郎君と花子さんは「市場」で出会って、キノコ（白い石）と魚（黒い石）を交換するという「取引」をしました。この交換を**「市場取引」**といいます。

この市場取引によって、図32のように、太郎君は白い石（キノコ）2つと、黒い石（魚）2つになります。一方、花子さんは黒い石（魚）2つと、白い石（キノコ）2つです。

白い石は2つで100円、黒い石も2つで100円の価値がありました。でも3つ以上の価値はゼロなので、市場取引の前は、太郎君も花子さんも100円の価値しかもっていませんでした。

ところが市場で取引することによって、太郎君も花子さんも、白い石が2つ、黒い石が2つになりました。不思議なことに、太郎君も花子さんも、100円の資産が倍の200円に増えたのです。

世界をゆたかにするパワー

あるひとにとってはいらないものでも、別のひとは欲しいと思っているかもしれません。

市場には、いらないものや欲しいものが異なるひとたちが集まります。こうしたひとたちが出会って取引が成立すると、お互《たが》いが得をします。

これを**「ウイン（勝ち）-ウイン（勝ち）」**といいます。

野球でもサッカーでも、あるいは囲碁《いご》や将棋《しょうぎ》でも、ほとんどのゲームは、一方が勝つともう一方が負けるゼロサムゲームでした。これは**「ウイン（勝ち）-ルーズ（負け）」**です。

ところが市場取引では、一方が勝つと、もう一方も勝つのです。

ステージ4では、ギャンブルのようなゲームは、プレイヤーから見ると手数料の分だけ損をするマイナスサムで、ゲームをするたびにお金が減っていくことを学びました。

得をするのはプラットフォーマー（カジノやゲーム会社）ばかりなので、プレイヤーはどんどん貧乏《びんぼう》になってしまいます。

でもこれには、重要な例外があります。**「市場取引は、参加者全員が得をするプラスサムのゲーム」**なのです。

市場には、太郎君と花子さんの2人しかいないとしましょう。そうすると、取引前の図31では、市場全体の富は（太郎君が100円、花子さんが100円で）200円です。

ところが、取引が成立した図32では、市場の富は（太郎君が200円、花子さんが200円で）400円になっています。

太郎君と花子さんが市場で出会って取引をしたことで、世界＝市場の富が倍に増えたのです。

市場取引には、「世界をゆたかにする」というものすごく大きなパワーがあるのです。

✤ブローカーの役割を学ぶ　レベル●

ゲーム6－2

太郎君は白い石を2つ、花子さんは黒い石を2つもっていて、2人ともいらない石を交換したいと思っているが、出会うことができない。どうすればいいか？

ゲーム6－1では、太郎君と花子さんが市場で出会って、キノコ（白い石）と魚（黒い石）を交換しました。これを「物々交換《ぶつぶつ》」といいます。

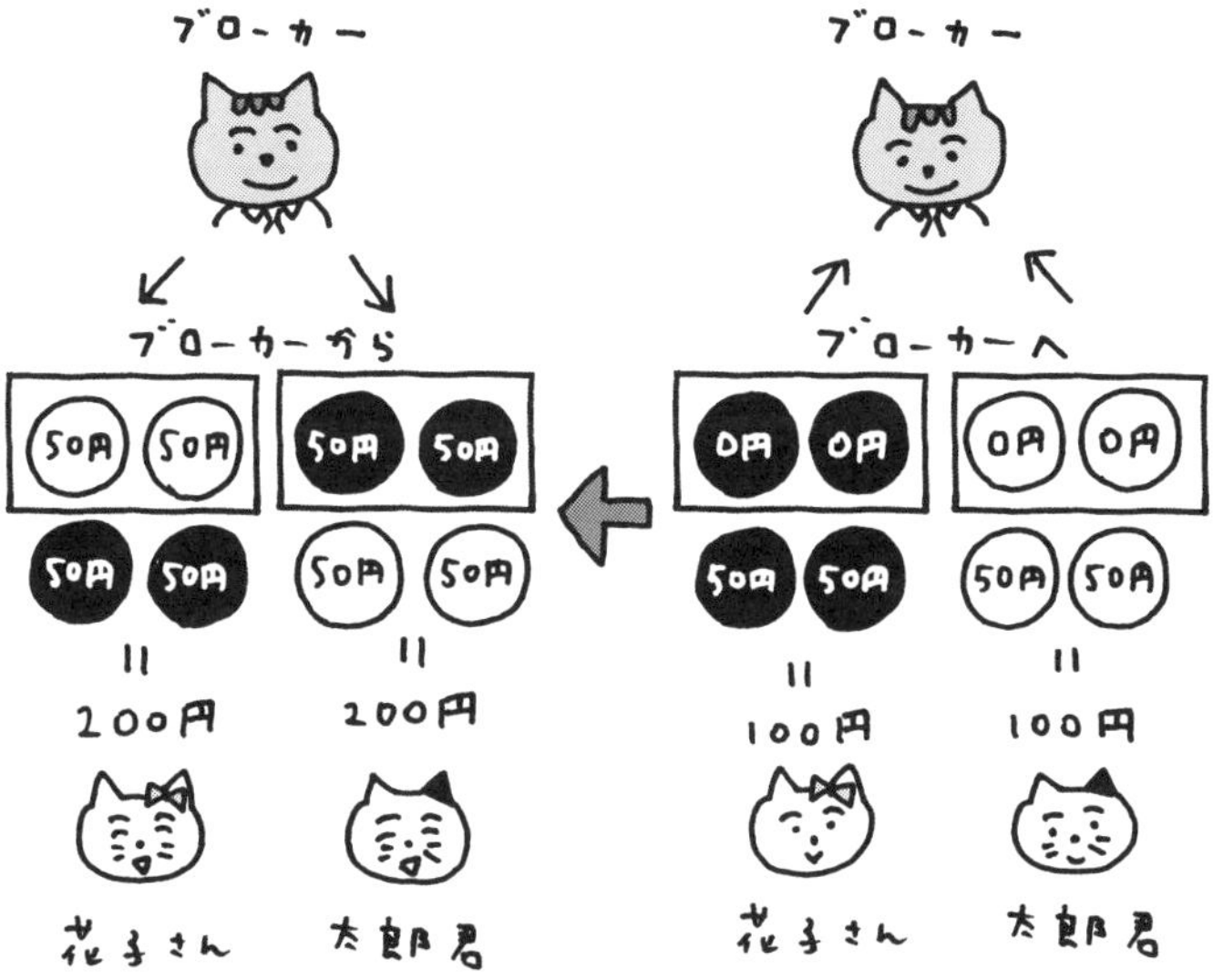

図33　ブローカーによる市場取引①

物々交換は、お互いがどこかで出会って、取引について話し合いをしないと成り立ちません。でも、どんなときでもこんなに都合よくいくわけではないでしょう。

太郎君と花子さんがうまく出会えないときはどうすればいいか？　この問題は、取引を仲介《ちゅうかい》するひとがいれば解決します。この仲介者を「ブローカー」と呼びましょう。

ブローカーはいろんなひととつき合いがあるので、太郎君が白い石を、花子さんが黒い石をよぶんにもっていることを知っています。

そこでブローカーは、太郎君から白い石を2つ、花子さんから黒い石を2つ預かって、太郎君には黒い石を、花子さんには白い石を届けてあげるのです。

ブローカーのおかげで、太郎君と花子さんの取引は無事に行なわれ、100円の富が200円になる「ウイン-ウイン」になりま

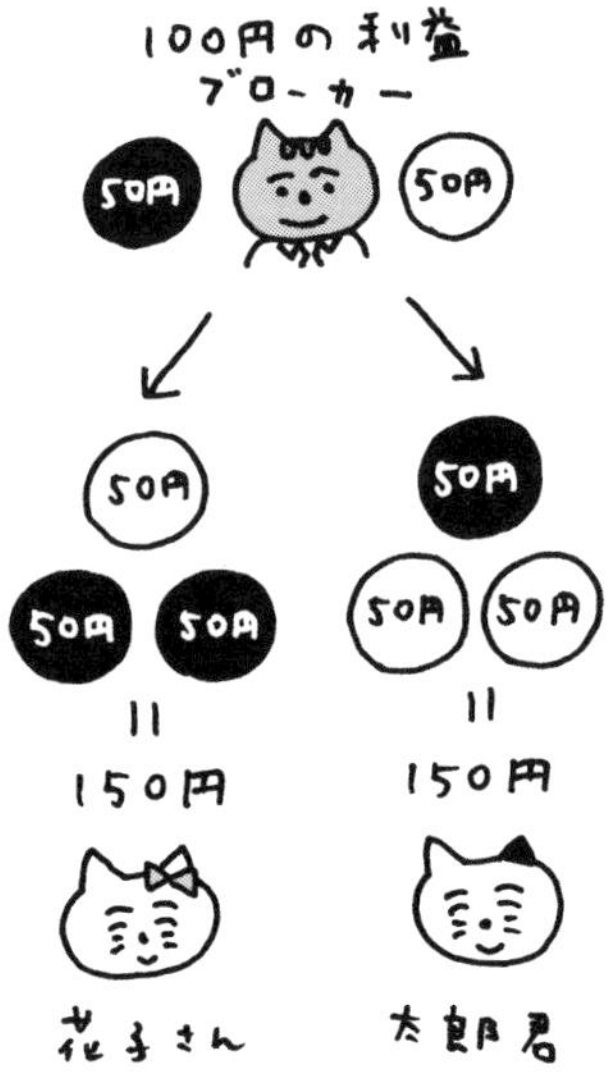

図34　ブローカーによる市場取引②

した（図33）。

ブローカーの報酬《ほうしゅう》

　でも、この取引にはひとつ問題があります。太郎君と花子さんが得できるように一生けんめいはたらいたブローカーには、なにひとついいことがないのです。だったら、誰もそんなことをしようとは思わないでしょう。

　そこでブローカーは、太郎君には黒い石を1つ、花子さんには白い石を1つだけ渡《わた》して、残りの2つは自分で取っておくことにします。これがブローカーの報酬になります。

　石1つには50円の価値があるので、図34では太郎君が150円、花子さんが150円、ブローカーが100円をもっていることになります。

　太郎君と花子さんは、取引前の100円が、ブローカーの仕事によって150円に増えました。ブローカーはこの取引を仲介したことで、１００円の利益を得ました。
これを合計すると、市場全体の富は２００円から４００円へと、やはり倍に増えています。

市場はゆたかさを生み出す場所

物々交換にブローカーという仲介役を加えると、互いに出会う必要がなくなるので、市場取引の規模はものすごく大きくなります。

太郎君が東京、花子さんが大阪に住んでいても、ブローカーは２人の代わりになって、「ウイン-ウイン」の取引をまとめてくれます。

それどころか、太郎君が日本、花子さんがアメリカに住んでいても、あるいは市場が宇宙にまで広がった未来世界では、太郎君が地球、花子さんが火星に住んでいても、ブローカーがいれば「ウイン-ウイン」の取引が成り立つのです。

ここまでは白い石と黒い石で市場取引を説明しましたが、現実の市場では取引に貨《か》幣《へい》（お金）を使います。ブローカーは、安く仕入れて高く売ることで、その差額を利益にしています。

この取引によって、やはり世界の富は増えていきます。

ここから、**「もっとゆたかな世界」にするには、みんながどんどん市場取引をして、「ウイン-ウイン」になるようにしなければならない、**ということがわかります。

市場こそが、ゆたかさを生み出す場所なのです。

もっとも大事なメッセージ

カジノで行なわれるギャンブルは、手数料の分だけマイナスサムになります（手数料をとらないと、カジノは倒産《とうさん》してしまいます）。マイナスサムのゲームでは、プレイヤーはやればやるほどお金が減っていきます。

それに対して、市場はみんなが得をするプラスサムのゲームです。ウイン-ウインのゲームは、やればやるほどみんなのお金が増えていくのです。

このように考えれば、この世界の富のほとんどが、カジノではなく市場で生まれる理由がわかるでしょう。

君がお金持ちになるためには、ウイン-ウインのゲームをしなければなりません。

これが、この本で伝えたいもっとも大事なメッセージです。

なお、この本では詳《くわ》しく触《ふ》れませんが、株式投資で「インデックスファンドが有利」といわれるのもここから説明できます。

インデックスファンドは、株式市場に上場するたくさんの会社で構成されています。

つまり、市場全体をまるごと買っているのです。

市場取引がウイン-ウインのゲームで、そこからゆたかさが生み出されるのなら、長期で見れば、市場全体に投資するインデックスファンドがもっとも経済合理的な投資法になるのは当然なのです。

✤「選《せん》択《たく》」と「自由」を学ぶ

レベル●●

ここで、もうひとつ大事なことを述べておきましょう。それは「選択と自由」の関係です。

図34では、太郎君も花子さんもブローカーに石1つの報酬を払って市場取引を行ない、100円の資産を150円に増やすことができました。この取引で、ブローカーは100円の利益を手にしました。

これで誰にも不満がないように思えますが、じつはブローカーは、もっと儲《もう》けることができます。

太郎君と花子さんは出会うことができないのですから、取引はブローカーを通す以外ありません。だとしたら、ブローカーは2人に50円ずつ払う必要などないのです。

ボロ儲けするブローカー

ブローカーは2人のところにいって、「3つめと4つめの石の価値はゼロですよ」（キノコと魚の例なら、「このままだとすぐに腐って、誰も買ってくれなくなりますよ」）と伝えて、「ゼロよりはすこしでもお金が増えたほうが得なのだから、5円で売りませんか？」と交渉できます。

太郎君も花子さんも、市場取引のためにはブローカーを通すしかありません。こうして2人は5円で石2つを手放し、それぞれの資産は105円になります。

でも石2つは、本来なら100円の価値があるはずです。そこでブローカーは、太郎君と花子さんから手に入れた白い石2つと黒い石2つを、市場で200円で売ることにしました。

この取引をブローカーから見ると、10円（5円×2）で仕入れた石を200円（100円×2）で売ったわけですから、利益は190円（200円−10円）です。

図34を誰もが満足する「公正な取引」とすると、図35の取引では、ブローカーはもともと100円だった利益に90円も上乗せして190円にしています。

なぜこんなことになるかというと、太郎君と花子さんには、1人のブローカーに石を売るしか選択肢《せんたくし》がないからです。

このまま同じ石を4つもっていても、そのうち2つの価値はずっとゼロのままです。ブローカーに石を売れば、いくらかの利益になります。だとしたら、ブローカーの言

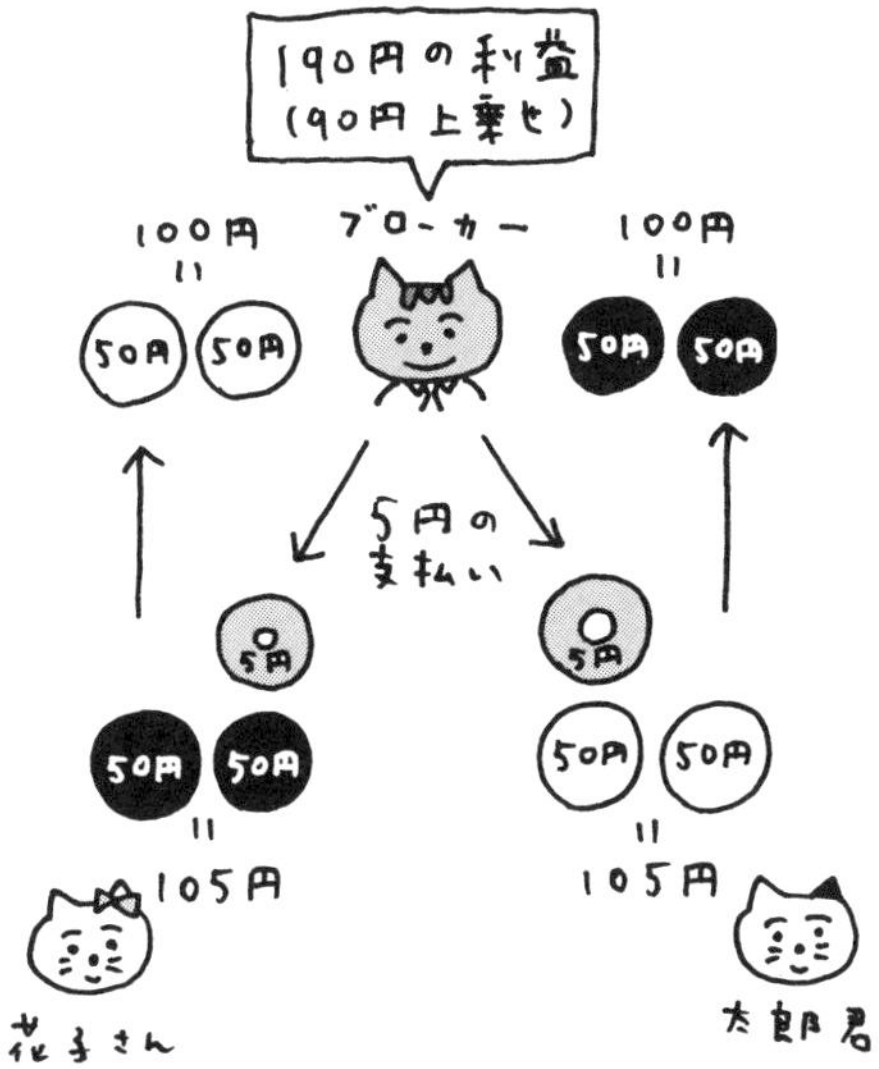

図35　ブローカーだけが儲かる取引

い値で売るしかありません。

自由とは選択できること

しかし、ブローカーが2人いたらどうでしょう?

選択肢があると、太郎君も花子さんも、ブローカーから「5円で売って」といわれたときに、「そんなの安すぎるから、別のブローカーのところに行くよ」と断れます。

ブローカーは石を売ってもらえないと商売にならないので、太郎君と花子さんが満足するまで値段を上げるでしょう。

これが**「市場競争」**です。

市場に競争がないと、ブローカーは好きなように儲けることができます。これは、太郎君や花子さんが好きなだけぼったくられるということです。

競争のない状態を**「独占《どくせん》」**といいます。

市場をうまく動かすためには、独占をなくし、公正なルールでみんなが競争できるようにしなければなりません。

市場で独占が起きると、太郎君や花子さんはブローカーのいいなりになってしまいます。

ところが市場に競争があると、太郎君と花子さんは、どのブローカーに石を売ればいいのか、自分で決めることができます。これが**「自由」**です。

ここから、**「自由とは選択できること」**だとわかります。

逆にいうと、**ひとつしか選べなくなったとき（選択できなくなったとき）、わたしたちは自由を失うのです。**

友だちを選択する

自由と選択を、友だちグループで説明してみましょう。

友だち全員が1つの集団にいて、それ以外に友だちがいないとしたら、その友だちグループから仲間外れにされたら友だちが誰もいなくなってしまいます。

これは1人のブローカーに頼るしかない太郎君や花子さんと同じで、友だちグループのリーダーからどんなことをいわれても、それに従わなくてはなりません。なんの自由もないこの状態は、**「奴隷《どれい》」**と変わりません。

このようなことにならないためには、つねに友だちの選択肢をもつことが大事です。

選択肢があれば、「あの店で万引きしてこないなら、もう遊んでやらない」といわれたときに、「だったら君とは友だちじゃなくていいや」と断れます。

これは、これからの君の人生にとって大事な教訓です。


「自由に生きる」とは、どんなときでも選択肢をもっていることです。


大人でも、「会社を辞めたらほかの仕事がない」「離婚《りこん》したら暮らしていけなくなる」などの理由で、嫌《いや》なことをがまんしているひとがたくさんいます。

幸福になりたいのなら、そんな大人になってはいけません。

✤アイデアとネットワークの交換を学ぶ

レベル●●

わたしたちは毎日、市場でお金と商品やサービスを交換しています。では、それ以外に交換するものはないのでしょうか。

じつは、お金では計算できないけれど、交換すると大きな価値を生む大事なものが2つあります。

それは、**「アイデア（知識）」**と**「ネットワーク（人脈）」**です。

友だちから「このゲームの攻略法《こうりゃく》、知らない？」と聞かれたときは、「こうすればいいんだよ」という、君がもっている知識を教えてあげることができます。

「役に立つ知識の交換」は、ものすごくコスパのいい取引です。

まず、知識（知っていること）を教えるコストはほぼゼロです。

それにもかかわらず、その知識で問題が解決した友だちから感謝されます（友だちが喜ぶようなことをするのは大変です）。

そのうえ、「このゲームなら、こうやって攻略できるよ」などと、友だちが君にいろんな知識を教えてくれるようになります。

こうして、お互いに知識＝アイデアを交換しているうちにゲームの腕は上達し、友だちとどんどん仲よくなっていきます。

アイデアを公開する

アイデアを交換し、みんなで共有することには、すごい効果があります。だったらすべてのアイデアを誰でも使えるようにすればいいというのが、**「オープンソース」**です。

オープンソースでは、自分が新しく見つけたこと（ソース）をどんどん公開（オープン）していきます。

「そんなことをしたら、ライバルに真似されちゃうじゃないか」と思うでしょう。これはそのとおりで、だからこそ大事なアイデアは特許や著作権として保護して、お金を払わないとほかのひとが使えないようにします。

でもオープンソースは、上手に活用するととてつもないパワーを発揮します。OS（オペレーティングシステム）はコンピュータを動かすいちばん大事なプログラムですが、リナックス（Linux）ではボランティアのプログラマーがオープンソースで優れたOSを開発してしまいました（スマホにも使われています）。AI（人工知能）でも、秘密を守って開発するのではなく、オープンソースにしているところもあります（これはまだ、うまくいくかどうかわかりません）。

ただし公開するのは、「役に立つアイデア」に限ります。「誰かについての悪い噂《うわさ》」のような情報を公開すると、一部の友だちは面白がるかもしれませんが、相手からうらまれて大きなトラブルになる可能性があります。

それに対して、「駅前にできたラーメンのお店、美味しかったよ」「この本、すごく面白いよ」という情報は、みんなが得をする「ウイン-ウイン」です。

よいアイデアや役に立つアイデアをどんどん公開すると、きっと人気者になれるでしょう。

友だちを紹介《しょうかい》する

友だちから「このゲームの攻略法、知らない？」と聞かれてもわからなかったときは、「そのゲームなら詳しい子を知ってるよ」と、別の友だちを教えてあげることができます。これでうまく攻略できれば、やはりすごく感謝されるでしょう。

「役に立つ知り合い」を紹介してあげることは、役に立つ知識を教えてあげるのと同じで、ものすごくコスパのいい取引です。

まず、知り合いを紹介するコストはほぼゼロで、なにか特別なことをする必要はありません（「君から連絡《れんらく》がいくってＬＩＮＥしとくからね」くらいです）。

それにもかかわらず、うまくいくと友だちはびっくりするほど喜んでくれます。

それに加えて、こんどは友だちが、自分のネットワークを君に使わせてくれるようになります（「いまなんのゲームしてるの？　詳しい子を紹介しようか」といってくれます）。

このようにして、お互いの（役に立つ）知り合いをどんどん交換していくと、ネットワークは自然に広がっていきます。

このネットワーク＝人脈は、遊び相手を探すだけでなく、将来、新しく会社を始めるときのメンバー集めにも役に立つでしょう。

これで、成功するためのシンプルな法則がわかりました。

アイデアやネットワークを交換していくと、これまで知らなかったいろんな知識が手に入り、新しい知り合いがどんどん増えていきます。

だからこそ、ビジネスで成功したひとたちは、いつもアイデアやネットワークを交換しあっているのです。

この話は、ステージ5で学んだレバレッジと同じだと気づいたかもしれません。アイデアとネットワークの交換は、大きなパワーを与えてくれます。君にレバレッジをかけて、自分一人では不可能な〝野望〟にチャレンジできるようにしてくれるのです。

ステージ7

はたらくってどういうこと？

☑ 仕事と報酬《ほうしゅう》の関係を理解する

レベル●

ゲーム7-1

晩ごはんのあとに片づけを手伝うと100円もらえ、サボると100円引かれる。これをカレンダーで「見える化」して、1カ月やってみよう（図36）。

図36はある1カ月（30日）の結果を示しています。

1日から始まる第1週は、最初の5日間はお手伝いをしましたが、6日はサボってしまいます。これで減点1日分ですから、5日のところにバツがつけられてマルの数

	SUN	MON	TUE	WED	THU	FRI	SAT		○の数	×の数
1週目		○1	○2	○3	○4	×5	6	⇒	5	1
2週目	○7	○8	○9	○10	○11	○12	○13	⇒	7	0
3週目	○14	×15	×16	17	18	○19	○20	⇒	5	2
4週目	○21	○22	○23	×24	25	○26	○27	⇒	6	1
5週目	○28	○29	○30					⇒	3	0
								合計	26	4

○＝100円　×＝－100円

1カ月にもらえるおこづかい ＝2600円－400円＝2200円

図36　1カ月のカレンダー

は４つ（５－１）、すなわち４００円になります。

７日から始まる第２週は毎日お手伝いをしたので、７００円を獲得《かくとく》しました。

14日から始まる第３週は、17日と18日の２日間をサボってしまいます。これで15日と16日にバツがつけられて、マルの数は３つ（５－２）で３００円になりました。

１カ月のあいだに26日間お手伝いをしたので、１回１００円として２６００円になるはずです。でも４日間サボってしまったので、４００円引かれて、おこづかいの総額は２２００円になるというのがこのゲームのルールです。

このように、「行動（お手伝いをする）」とその「結果（おこづかいをもらったり、罰金《ばっきん》を払ったりする）」を「見える化」するのは、よい習慣を身につける効果的な方法です（これは「行動分析《ぶんせき》学《がく》」という学問で研究されています）。

コラム 子どもに「なぜお手伝いをしなくちゃいけないの?」と聞かれたら

これは、「はたらく」ということを家庭で安全に体験するためのゲームです。

だから家事でなくてもいいのですが、なぜ「晩ごはんの後片づけ」にしたかはちゃんと理由があります。

それは、いずれ親から離《はな》れて暮らすようになると、炊事《すいじ》、洗濯《せんたく》、掃除《そうじ》、片づけなどの家事のスキルが必要になるからです。家事の基本を子どもの頃《ころ》に学んでおく(習慣にしておく)のは必ず役に立ちます。

もうひとつは、**とりわけ男の子の場合、家事ができると女の子にモテる**からです。

多くの男の子は、残念なことに、いまでも家事の基本をほとんど身につけないまま大人になっていきます。

恋愛《れんあい》の自由市場《しじょう》で、男の子が女の子から選ばれるためには、なんらかの方法でライバルに差をつけなくてはなりません。

イケメンでモデルをしているとか、スポーツで全国大会優勝とかならもちろん目立ちますが、それはごく一部で、ほとんどの場合はドングリの背比べでしょう。

だとすれば、自分と同じようなライバルと差をつけるもっとも簡単で効果的な方法は、ご飯をつくったり、あと片づけしたりするときに、「それ、ぼくがやるよ」といえるようになることです。

こう教えよう

男の子から、「なぜお手伝いをしなくちゃいけないの？」と聞かれたら、「女の子にモテるようになるからだよ」と答えましょう。

エントロピー増大の法則

子どもが掃除や洗濯、片づけを手伝うのは、別の「教育効果」もあります。それは**「エントロピー増大の法則」**を学ぶことです。

お皿を洗わないままキッチンに積み上げておいたり、部屋を掃除しないまま放っておいたり、服を洗濯しないままあちこちに放り投げておくと、あっというまに家の中がぐちゃぐちゃになってしまいます。

このように、自然に乱雑さが増していくことを「エントロピーの増大」といいます（ここでのエントロピーは「乱雑さの単位」とします）[6]。

6 近年、エントロピーは「自由度」のことだといわれるようになりましたが、それについてはここでは触れません。

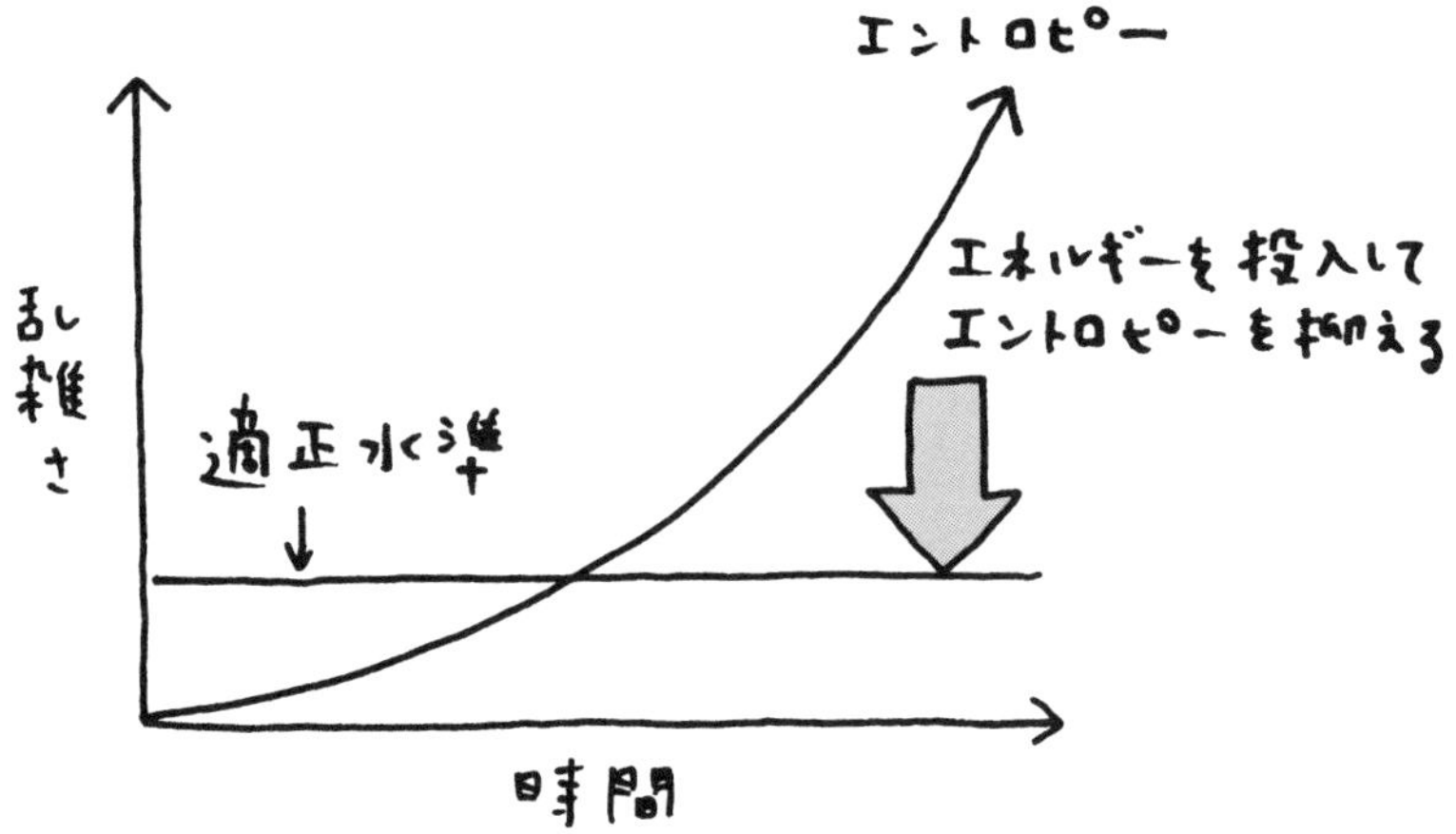

図37　エントロピーを管理する

これは物理法則なので、家のなかだけでなく、この宇宙のあらゆるところでエントロピーは増大しています。

なぜご飯を食べなくてはならないかというと、細胞《さいぼう》にエネルギーを補給するだけでなく、そのエネルギーを投入してエントロピーを減らさないと、身体《からだ》のなかの乱雑さがとめどもなく増えて死んでしまうからです。

会社の仕事の多くも、毎日の売上をつけたり、社員の勤務時間を記録したりして、増大するエントロピーを管理することに使われています。これをやめてしまうと、みんなが勝手なことをするだけで、なにがどうなっているかわからない大混乱になってしまうのです。

ほとんどの場合、エントロピーには適正な水準があり、それがとめどもなく増えていかないようにするには、大きなエネルギーが必要になります（図37）。

そう考えると、身体の活動から社会の活動まで、**この世界で起きていることの9割、あるいは99%は「エントロピーの管理」**です。

ところが子どもは、部屋の片づけからご飯の支度まで、ぜんぶ親がやってくれるので、自分でエントロピーを管理する必要がありません。

そのまま大人になると、家でも会社でも、増えつづけるエントロピーをどうすればいいかわからなくなってしまいます。

エントロピーを減らすためには、エネルギーを投入するしかありません。

エントロピーを管理できないひとがいると、まわりの誰かが代わりにエネルギーを使わなくてはならず、みんなから避《さ》けられてしまいます。

このことを教えるためにも、子どもに家事の手伝いをさせるのは有益なのです。

よい習慣をつくる

よい習慣をつくるゲームで大事なのは、「ルールが明確で、参加者全員が納得している」ことです。

晩ごはんの後片づけをしたかどうかは、本人も親も、見ればわかるので、「やったかやらないか」の言い争いになることはありません。

それに対して、「勉強をがんばれば、おこづかいがもらえる」というゲームを考えてみましょう。

この場合、「がんばる」とはどういうことかを決めなくてはなりません。

「1日1時間、机に向かって勉強する」というルールにすると、100円をもらうために、ただ机に座っているかもしれません。

「宿題をぜんぶやる」というルールにすると、毎日、宿題の量が変わるので、1時間で終わるときもあれば、寝《ね》るまでやっても終わらないときもあります。これだと、子どもはこのゲームを不公平だと感じるでしょう。

こうしたあいまいさがあると、おこづかいをもらえるか、罰金を払うかは、親が勝手に決めることになってしまいます。

そうするとバカバカしくなって、ゲームを続ける気になりません。こうして、よい習慣を身につけることに失敗してしまうのです。

習慣というのは、それが当たり前になって、やらないと嫌《いや》な気分になることです。「寝る前に歯磨《はみが》きする」という習慣は、小学生になればほとんどの子どもがふつうに身につけるでしょう。

歯磨きせずに寝ると、口のなかが気持ち悪く感じます。こうしていちど習慣が定着すると、なかなか変わらなくなるのです。


よい習慣をたくさん身につけると、人生が楽になります。

だったらこのカレンダー方式で、いろんな習慣を教えられると思うかもしれません。

でも残念ながら、これはうまくいきません。

行動の「見える化」がうまくいくのは、1つか2つの習慣だけで、5つ、6つと増やすと、子どもだけでなく大人もぜんぶを守るのが難しくなって、「どうでもいい」と思ってしまうのです。

だから、ほんとうに大事なことをよく考えて、それを毎日繰《く》り返すことで習慣にするようにしましょう。

✤なぜお金を払《はら》ってくれるのかを学ぶ

レベル●

お金はとても貴重なので、よっぽどのことがないかぎり、自分のお金を誰かに渡そうとは思いません。

それにもかかわらず、お金を払ってもいいと思うことは、たぶん2つだけです。

①自分の代わりに必要なことをしてくれる。

②自分を楽しませてくれる。

これをまとめると、**「誰かにとって価値のあることをする」と、お金を払ってもらえる**のです。

晩ごはんの後片づけを、いつもパパがやっていたとしましょう。するとパパは、片づけをしているあいだ、ほかのことができなくなります（「時間資源《しげん》のトレードオフ」です）。

君が片づけを手伝うと、パパはそのぶんだけ自由な時間が増えて、仕事をしたり、趣味《しゅみ》の音楽を聴《き》いたり、好きなことができます。この「自由な時間」に対して、パパは１００円を払うのです。

君がお手伝いをサボると、パパが代わりに後片づけをしなくてはなりません。そうすると、「自由な時間」が減ってしまいます。

お手伝いをサボったことで、君はパパから「自由な時間」を１００円分、奪《うば》うことになりました。だからその１００円が、おこづかいから差し引かれることになります。

ここで大事なのは、約束を破ったことで、道徳的な罰としてお金を払うわけではないことです。パパの代わりに後片づけをして１００円もらうのですから、パパが君の代わりに後片づけをしたら、君が１００円払うのは当然です。

このルールはとてもシンプルなので、誰でも納得できるはずです。同じように納得できるなら、どんなお手伝いでもいいでしょう。

「必要としていないし、楽しくもないこと」にお金を払ってくれるひとはいない

世の中の仕事の多くは、「誰かのために必要なことを代わりにする」で説明できます。

近所のコンビニでお弁当を買うと、ご飯をつくる時間を節約できます。タクシーに乗れば、自分で車を運転する手間を節約できます。だからこそ、お金を払ってもいいと思うのです。

むかしは服を一枚一枚、たらいで洗っていました。これはものすごく時間がかかります。

洗濯機が発明されると、面倒なことをぜんぶ（最近は乾燥《かんそう》まで）やってくれるようになりました。

発明（テクノロジー）によって、面倒《めんどう》な家事を機械に代わりにやらせることができるようになりました。だからこそ、洗濯機や掃除機、電子レンジにお金を払う価値があるのです。

そうやっていろんなことを代わりにやってもらって、増えた時間をなにに使うのでしょうか。

勉強したり、仕事に使ったりするひともいるでしょうが、真っ先に思い浮《う》かぶのが「楽しむ」です。

わたしたちはみんな、楽しいことが大好きです（なにが楽しいかは、一人ひとりちがうでしょう）。だからこそ、楽しいことにはお金を払ってもいいと思うのです。

お金を払ってもいいと思うことは、〝必要なこと〟と〝楽しいこと〟です。

「必要としていないし、楽しくもないこと」にお金を払ってくれるひとはいません。

はたらきたくても仕事のないひとを「失業者」といいます。そして、日本でも世界でも、失業したひとは不幸です。

失業すると、なぜ不幸になるのでしょうか。

それは、**「誰からも必要とされず、誰も楽しませることができない」**からです。

「はたらく」というのは、誰かにとって価値があることをしてお金をもらうことでした。

だとしたら、「（はたらきたくても）はたらけない」というのは、「誰にとっても価値がない」ということになってしまうのです。

だからこそわたしたちは、「みんなが（楽しく）はたらける社会」を目指さなければなりません。

「お金で釣《つ》って勉強させる」は効果がある？

成果報酬というのは、成果に対して報酬（給料）が決まる仕組みです。

大谷翔平《しょうへい》は、ピッチャーとバッターの二刀流で大リーグで大活躍《かつやく》し、大きな「成果」をあげたからこそ、10年間で1０００億円という大金でドジャースと契約《けいやく》しました。

これは、過去の成果から、ファンは大谷の活躍を球場で見たいと思い、球団に大きなお金が入ると期待しているからです。

このような成果報酬はきわめて公正ですが、だったら「次のテストで80点以上とったらおこづかい1０００円」という〝成果報酬〟はどうでしょう？

当然のことながら、こうした「お金で釣って勉強させる」というやり方には強い批判があります。

それは、楽しくパズルを解いているときに、「5分以内に解けたらお金がもらえる」という報酬を提示すると、とたんに面白くなくなるという有名な実験があるからです。難しい問題を解くのを楽しんでいる子どもにとって、成果報酬は逆効果になってしまうのです。

だったらなんの役にも立たないかというと、そうともいえません。勉強する気のない子どもにとっては、お金は「がんばろう」という意欲を生み出すという研究もあるからです。

パズルを解くのが楽しくない子どもは、どれほど説教しても、やりたいとは思わないでしょう。

そんなときは、「パズルが解けたらお金がもらえるよ」という成果報酬は、効果があるかもしれないのです。

そのときに重要なのは、成果と報酬がセットになっていることです。

「志望する中学／高校に合格したら報酬がもらえる」というのは、あまりに先のことで、すぐにやる気がなくなってしまいます。

それに対して、「次の試験で80点とれば報酬がもらえる」というのは、ずっと大きな効果があります。

ただしこの実験では、お金を払ってくれるのは親ではなく、第三者（研究者）でした。だから子どもは、これをゲームとしてチャレンジしようと思ったのかもしれません（親が子どもに成果報酬を払ったときも、同じ効果があるかはわかりません）。

勉強をゲーム化する

ゲームなら何時間でも熱中できるのに、勉強はすぐに飽きてしまいます。「そんなの当たり前だ」と思うかもしれませんが、よく考えるとこれはおかしなことです。

勉強も、「課題を解決してレベルアップする」という意味では、ゲームの一種だからです。

だとしたら、勉強をゲーム化してしまえば、楽しみながら成長できて、成績も上がるのではないでしょうか。このように考えるのが「ゲーミフィケーション（ゲーム化）」です。

勉強のゲーム化には、次の2つが重要だとわかっています。

①努力が報われる

どんなにがんばっても攻略《こうりゃく》できないゲーム（無理ゲー）や、あまりに簡単すぎるゲームはすぐにやる気がなくなってしまいます。みんなを夢中にするゲームは、いまのキャラクターのレベルですこしがんばれば攻略できる課題を出すことで、プレイヤーのやる気を維持《いじ》するようにつくられています。

②報酬がある

ゲームでは、敵を倒《たお》したり、あるレベルをクリアすると、ポイントやお金が増えるなど、必ず報酬が用意されています。そもそもわたしたちは、報酬がないことをやろうとは思いません。

努力が報われるようにするためには、一人ひとりに合わせて、ちょっとだけがんばれば解ける問題を出せばいいでしょう。

クラスには、いろんな学習レベルの子どもが集まっています。それにもかかわらず、全員に同じ問題を出すので、ある子どもにとっては無理ゲーでも、別の子どもにとってはやさしすぎて退屈《たいくつ》になってしまうのです。

成果に報酬を出すのなら、よい点数をとったらほめてあげればいいではないかと思うかもしれませんが、これは（たぶん）うまくいきません。親が子どもをほめるのは当たり前で、さしてうれしくないからです。

子どもは、友だち集団のなかでステイタス（地位）をめぐる競争をしています。子どもにとっての最大の報酬は、友だちから「スゴいね」とか「カッコいい」といわれることなのです。

大人が口先だけでほめるよりも、友だちに自慢《じまん》できるようなチャレンジをさせたほうがずっと効果があるでしょう。

☑ 人的資本を理解する　レベル●●

はたらくことには値段がついています。

１時間はたらいて１０００円のバイト代をもらうひともいれば、何十万円、何百万円も稼《かせ》ぐひともいます。

すべての仕事は同じ価値をもっていますが（職業に貴賤《きせん》はない）、仕事によってもらえるお金はちがいます。

経済学ではこれを、**「人的資本」**で説明します。

人的資本とは、「はたらいてお金を稼ぐパワー」のことです。

大きな人的資本をもっていると、大きなパワーでたくさんのお金を稼ぐことができます。

人的資本が小さいと、パワーも小さくなるので、あまりお金を稼げません。

だとすれば、誰もが大きな人的資本をもちたいと思うでしょう。

人的資本は3つある

では、人的資本とはいったいなんでしょうか？　これはなかなか難しい質問ですが、いちおう次の3つだといわれています。

①学歴
②資格
③実績

このなかで、もっともわかりやすいのが「実績（成果）」です。

大リーグで前人未踏の50／50（ホームラン50本と50盗塁）を達成した大谷翔平が、

なんの実績もない新人の野球選手よりも大きな人的資本をもっていることは誰でもわかります。

同様に、長くはたらいて実績を積み上げていくと、それが複利の効果で増えていって、人的資本は大きくなります。

ここから、3つの大事なことがわかります。

1つは、**「実績になる仕事をする」**です。

コンビニのバイトも大事な仕事ですが、残念なことに、これはあまり実績になりません。同じ仕事ができるひとがたくさんいるからです（将来はAIロボットが代わりにやるようになるかもしれません）。

それに対して、困難なプロジェクトを成功させた、有名な賞を受賞した、コンテンツ（映画や音楽、アニメやマンガ、小説など）がヒットした、などの実績は、達成したひとが少ないので、大きな人的資本になります。

2つめは、**「同じ仕事を長く続ける」**です。

これは、人的資本が複利で大きくなっていくことを考えればわかるでしょう。

1年や2年で仕事を変えていると、実績をつくることができません。これでは、毎回ゼロからスタートすることになってしまいます。

外科医にとって手術数が重要なのは、たくさんの経験をしているほうが、予想もしないことが起きたときに、冷静な対応ができるからです。

どれだけ親切でも、「これが私の最初の手術です」という外科医に執刀《しっとう》してもらいたい患者《かんじゃ》は、あまりいないでしょう。

レストランのシェフから企業《きぎょう》弁護士まで、同じ仕事であっても、経験があるほど高いお金を払ってもらえます。

これは、**「仕事を楽しもう」**ということでもあります。当たり前ですが、楽しくない仕事を長く続けることはできないのです。

3つめは、**「好きなこと、得意なことにすべての資源を投入する」**です。

「好きなこと、得意なこと」を長く続けていると、それが「専門」になります。**大きな人的資本をもつひとは、ある特定の分野でライバルを圧倒《あっとう》できる「専門家（スペシャリスト）」なのです。**

いまはまだわからないでしょうが、大学を卒業する頃《ころ》には、あるいは、遅《おそ》くとも30歳《さい》くらいまでには、自分のスペシャルを決めなくてはなりません。

専門が決まったら、あとはそれに全力投球します。すると、ライバルとの差がすこしずつ開いていって、それが実績として、複利で積み上がっていくのです。

コラム 子どもに「なぜ大学にいかなくちゃいけないの？」と聞かれたら

人的資本は最終的には「実績」で決まりますが、残りの2つの要素である「学歴」と「資格」は、仕事のスタートラインに立つためのものです。

医師の仕事をするためには、医学部を出て国家試験に合格し、医師の資格をもたなくてはなりません。裁判官、検察官、弁護士の仕事をするためには、司法試験に合格して、法曹《ほうそう》資格を取得する必要があります。

資格をもっていないとできない職業では、「資格がある」ことが人的資本になります。

それに対して「学歴」は、人的資本の大きさの（とりあえずの）指標として使われます。

なんの実績もない新入社員を雇《やと》うとき、会社はその若者にどれくらいの人的資本があるかわかりません。

だからといって適当に選ぶわけにはいかないし、「男だから」「日本人だから」などの理由で選ぶのは差別として禁止されています。

そうなると、「大卒以上」などの学歴で選抜《せんばつ》するしかなくなります。これが差別にならないのは、「性別や生まれた国は選べないが、学歴は努力によって手に入れることができる」とされているからです（これは日本だけでなく、世界共通のルールです）。

こう教えよう

子どもに「なぜ大学にいかなくちゃいけないの？」と聞かれたら、「そのほうが人的資本が大きくなるからだよ」と答えましょう。

小さな失敗では人生は変わらない

資格をもつ医者がすべて名医というわけではありませんが、そもそも資格がないと医者の仕事ができません。

一流大学の卒業生がすべて仕事ができるわけではありませんが、大学を出ていないと入社試験すら受けられない会社もあります。

もちろん、学歴がなくても、実績を積み上げることで大きな成功を手にしたひとはたくさんいます。

それでも、みんなと同じスタートラインに立てないと、回り道をすることになることは覚えておきましょう。

だったら、人生は学歴で決まってしまうのでしょうか。そんなことはありません。

小さな失敗では人生は変わらないからです。

このことは、次のような調査で確かめられました。

アメリカは日本よりもさらにきびしい学歴社会で、大卒と高卒の生涯《しょうがい》の収入は2倍もちがいます（日本では、高卒の生涯収入は大卒の7割程度）。

アメリカでも日本でも、ランク（偏差値《へんさち》）の高い大学のほうが、平均すれば収入も高くなる傾向《けいこう》があります。でもこれだけでは、一流大学がよい教育をしているからなのか、もともと優秀《ゆうしゅう》な学生が集まっているだけなのかがわかりません。

どちらが正しいかを調べるには、学力が同じで、学校がちがう生徒を探してきて、その将来を比べてみればいいのです。

アメリカでは、一流の私立高校は試験の点数を公開しているので、合格点ぎりぎりで入学できた生徒と、1点差で合格できなかった生徒を比較《ひかく》することができます。

試験での1点のちがいは、実力ではなく、運がよかったか、悪かったかでしょう。つまり、まったく同じ学力の生徒が、運によって一流の高校か、その下のランクの高校かに分かれたのです。

では、この生徒たちの将来はどうなったのでしょうか。結果は「なんのちがいもない」でした。

1点足りなくて合格できなかった生徒たちも、合格した生徒たちと同じように、一流大学に進学して有名企業に就職し、同じくらいの収入を得ていたのです。

アメリカでは、一流大学から入学の許可が出ても、自分が勉強したい教科がないとか、別の大学に憧《あこが》れの教授がいるとか、たんに家から遠いなどの理由で、入学を断る生徒がかなりいます。

これを利用すると、「一流大学に入学した生徒」と、「一流大学に入学できるのに、別の大学を選んだ生徒」という、能力は同じで、別の道に進んだ若者の将来を比較できます。

するとやはり、この2つのグループになんのちがいもなかったのです。入学できる能力がありながら一流大学に進学しなかった生徒も、一流大学の卒業生と同じように有名企業に就職し、同じくらいの収入を得ていました。

なぜこのようなことになるかというと、アメリカでは（そして日本でも）、**一般《いっぱん》に思われているよりも、会社は社員の学歴を気にしていない**からでしょう。

学歴だけは立派でも、ぜんぜん仕事ができない社員がいることは、誰でも知っています。

入社してしばらくたてば、「あいつは思ったより仕事ができる」とか、「エリートのくせにぜんぜん使えないな」という評判が、会社のなかでつくられていきます。

学歴よりも、一緒《いっしょ》に働いた上司や先輩《せんぱい》、同僚《どうりょう》からの評判のほうが、ずっと正確に人的資本を予測できます。

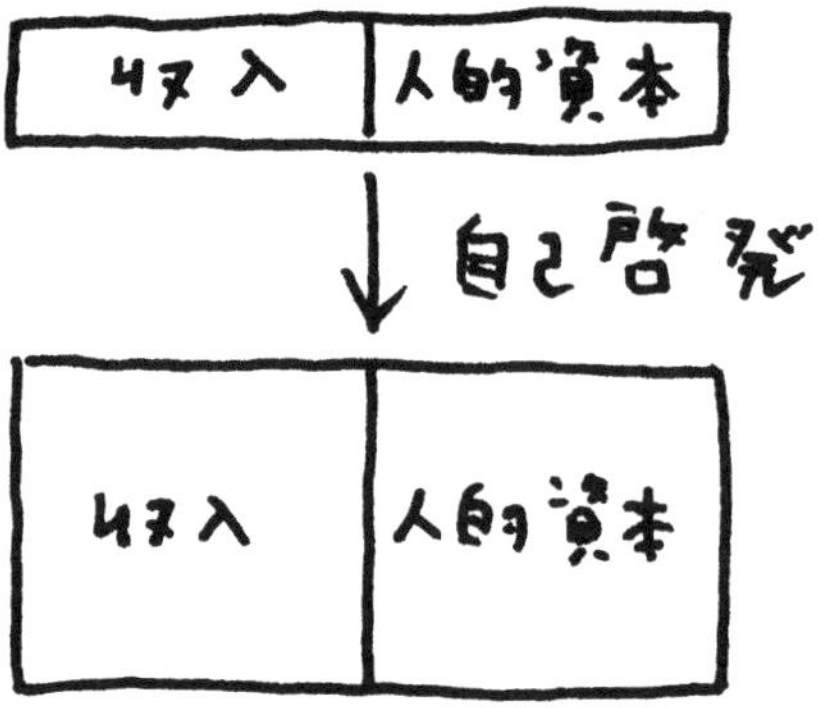

図38　人的資本が大きいほど収入が増える

このようにして、**受験のような人生における「小さな失敗」は、最終的にはなんの影響《えいきょう》も与《あた》えなくなる**のでしょう。

✤分業で人的資本にレバレッジをかけることを学ぶ

レベル●●●

人的資本は、はたらいてお金を稼ぐパワーのことでした。そうすると、どれくらいの収入が得られるかは、人的資本の大きさによって決まることになります。

図38のように、人的資本の大きさによって収入が決まるのなら、人的資本を大きくするのがお金持ちへの近道です。このやり方は**「自己啓発《けいはつ》」**と呼ばれて、とても人気があります。

自己啓発とは、自分を啓発して（より高いレベルに到達《とうたつ》するよう努力して）、大きな人的資本を獲得《かくとく》することです。

でも、収入は人的資本だけで決まるわけではありません。

じつは、もっと簡単に人的資本を大きくする方法があります。

これが**「分業」**で、「みんなで手分けしてはたらく」ことです。

分業のわかりやすい例が、学校の掃除です。

1人で教室をすべてきれいにしようと思ったら、1時間たっても終わらないでしょう。

でも「机を移動する」「床《ゆか》を掃《は》く」「モップをかける」「黒板をきれいにする」などの分担を決めて、みんなで協力すれば10分で終わります。

このように、分業には1人でできないことを可能にする大きなパワーがあります。掃除なら、がんばれば1人でもできるでしょう。でも、なにもないところから1人で車をつくれるひとはいません。

江戸《えど》時代のひとたちも、わたしたちと同じように、毎日一生けんめいはたらいていました。

それでも、分業できるのは、農作業などせいぜい数十人で、何百人、あるいは何千人もがひとつの仕事を分業することはできませんでした。

これを可能にしたのが、技術（テクノロジー）です。

トヨタのような会社は、分業によって、何百万台もの車を毎年生産しています。

一人ひとりの「得意なこと」を大規模に組み合わせる分業が可能になって、いまのようなゆたかさや便利さが実現したのです。

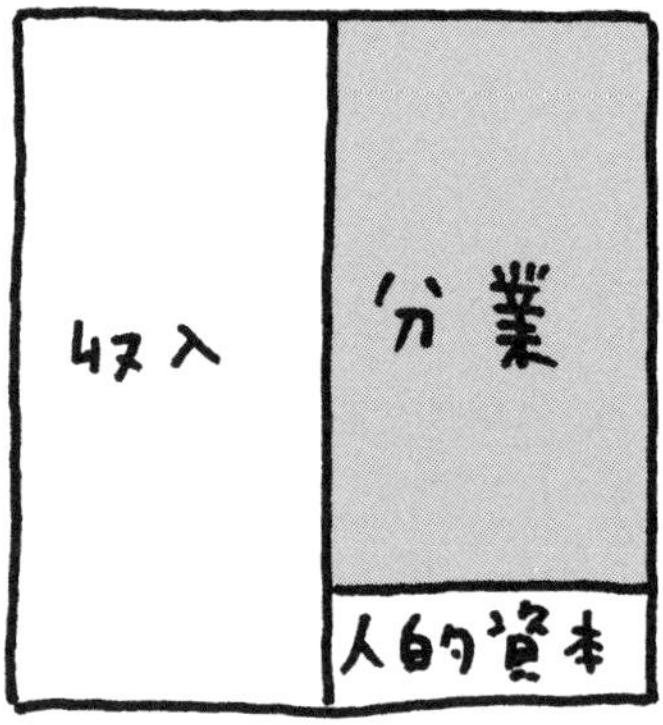

図39　人的資本に分業でレバレッジをかける

分業とは人的資本にレバレッジをかけること

人的資本に分業のパワーを加えると、図39のようになります。

この図は、どこかで見たことがありますよね。「資本」に「借金（負債）」でレバレッジをかけると、同じような図になりました（図29）。

ここからわかるように、**「分業とは人的資本にレバレッジをかけること」**です。

人的資本を大きくするのは、掃除でいえば、床を掃いたり、モップをかける作業のスピードを上げることです。でも1人でぜんぶやっていると、1時間かかったのを5分短縮できるくらいです。

だったら、人的資本を大きくしようと1人でがんばるより、みんなで分業して10分で終わらせたほうがずっといいでしょう。

なぜなら、**「人的資本のパワーよりも、分業のパワーのほうがずっと大きい」**からです。

ビジネスで成功できるかどうかは、分業の仕組みを上手につくれるかどうかでほぼ決まってしまいます。1人でできることには、限界があるのです。

このことは、**「人的資本がどれほど大きくても、分業のパワーを使えないと、お金持ちにはなれない（成功できない）」**ことを教えてくれます。

でもこれは、「人的資本はどうでもいい」ということではありません。

それは、**「人的資本が大きいほど、分業のパワーを大きくできる」**からです。

その理由は、みんなが誰と一緒にはたらきたいと思うかを考えればわかるでしょう。仕事を一緒にするとき、仲間に加えたいのは、能力が高いひとでしょうか。それともなにもできないひとでしょうか。

あるいは、一緒にいると楽しいひとでしょうか。いつも他人の批判ばかりしているひとでしょうか。

いろんなアイデアや人脈（ネットワーク）を分け合ってくれるひとでしょうか。それとも「教えて君」で、自分の情報はけっして渡《わた》そうとしないひとでしょうか。

「人的資本」というのは、たんに「仕事ができる」だけではありません。

どれだけ優秀《ゆうしゅう》でも、みんなから嫌《きら》われていると、うまく分業することができません。これだと分業のパワーが発揮できないので、けっきょくはうまくいかなくなってしまいます。

図40　分業できるカメがジコチューのウサギに勝つ

ウサギとカメの競争でいうなら、能力が高いけれど分業が下手なウサギは、能力は低いけれど分業が得意なカメにかんたんに追い越されてしまうのです（図40）。「上手に分業できる能力」つまり**「仲間を集めて強力なチームをつくる能力」こそが、もっとも重要な人的資本なのです。**

正しいシグナルを発する

社会のなかで生きている動物はみな、まわりに「シグナル」を発しています。

チンパンジーのオスは、「オレに逆らうとヒドい目にあうぞ」というシグナルを出して、群れのなかでのステイタスを上げようとします。

それに対してクジャクのオスは、美しい羽根を広げて、「ほら、ぼくはこんなに魅力的《みりょくてき》だよ」とメスを誘《さそ》います。

同じようにわたしたちも、いろいろなシグナルを出しています。それは大きく、次の２つに分けられるでしょう。

①わたしは安全です

見知らぬ相手と出会ったときに、もっとも不安なのは、いきなり襲《おそ》われたり、暴力を振《ふ》るわれたりすることでしょう。だから思い切り笑顔を浮《う》かべ、両手を大きく広げて(武器をもっていないことを示して)、「あなたに危害を加えません」というシグナルを出すことがものすごく大事になります。

「わたしは安全です」というメッセージは、「暴力は振るいません」だけではありません。現代社会ではこれは当たり前なので、**「わたしはキチンとしています」**というメッセージが重要になってきました。

結婚式や会社のパーティに短パンとサンダルで参加すると、「アブナイひとなんじゃないか」と警戒《けいかい》されます。常識は大事なのです。

筋トレが流行する理由のひとつは、「わたしはキチンとしています」というシグナルになるからでしょう。

②わたしは魅力的です

相手が安全だとわかれば、次に知りたいのは、「つき合う価値があるのか」です。時間資源の制約によって、わたしたちはいつも、誰とつき合って、誰とつき合わないかを決めなくてはなりません。

魅力的な相手と、魅力のない相手がいたとしたら、どちらが選ばれるかは考えるまでもありません。だからこそみんな必死になって、「魅力」のシグナルを発信しています。

魅力はたんに外見だけではありません。趣味《しゅみ》の世界ではどれだけ詳《くわ》しいかが、恋愛《れんあい》ではどれだけ相手の気持ちがわかるかが、仕事ではどれだけ役に立つかが重要なシグナルになります。

わたしたちは、お互《たが》いにさまざまなシグナルを出し合って、引き寄せられたり、離《はな》れたりしています。

最強の仲間と最強のチームをつくろうと思ったら、君自身が正しいシグナルを出していなければなりません。

✤絶対優位《ぜったいゆうい》と比較優位《ひかくゆうい》を学ぶ　レベル●●●

どのように分業すればいいかは、**「比較優位の法則」**として、正しい答えがわかっています。

それを簡単にいうと、**「自分がいちばん得意なことに集中して、そうでないことは誰かに任せる」**になります。

このことを、デキスギ君とシズカちゃんで説明しましょう。

子どもの頃《ころ》から神童とうたわれたデキスギ君は町いちばんの弁護士になっていて、同時にタイプも得意です。シズカちゃんは歌手になる夢をあきらめて、タイプの勉強を始めました。

デキスギ君は、法律家としても、タイピストとしても、シズカちゃんを上回ります（これを**「絶対優位」**といいます）。

でもデキスギ君は、シズカちゃんにタイプの仕事を手伝ってもらっています。法律家としての2人の能力を比較すると、デキスギ君はシズカちゃんの１００倍の仕事ができます（そもそもシズカちゃんは資格をもっていないので、弁護士の仕事ができません）。一方タイピストとしては、デキスギ君はシズカちゃんより2倍早く打てるだけです。

このときデキスギ君にとって、法律の仕事は**「比較優位」**で、タイプの仕事は**「比較劣位《れつい》」**にあるといいます。

一方、シズカちゃんは、法律の仕事はデキスギ君の1パーセントのことしかできないとしても、タイプなら50パーセントもできます。

シズカちゃんは、法律もタイプもデキスギ君より絶対劣位ですが、タイプは法律の仕事より比較優位です。

だからこそ、デキスギ君は比較劣位にあるタイプをシズカちゃんに任せ、比較優位にある法律の仕事に集中したほうがずっと利益が大きくなるのです（図41）。

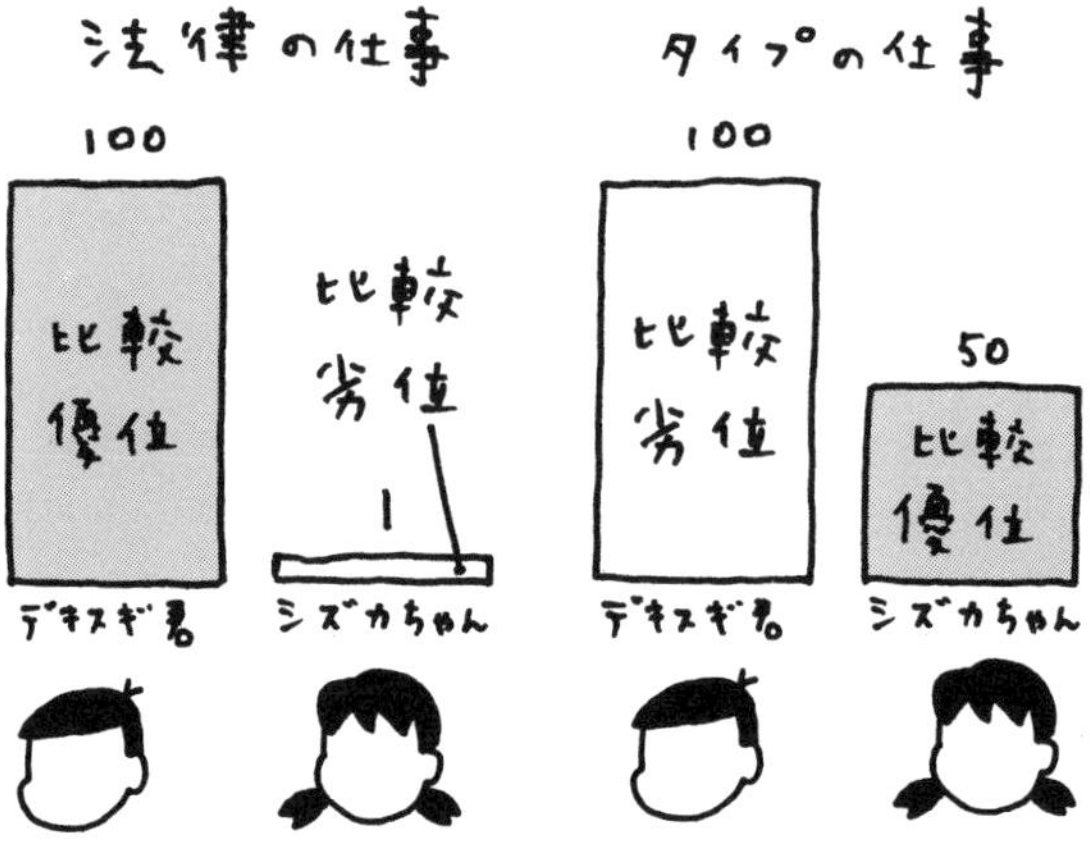

図41　比較優位の仕事に集中する

このようにしてシズカちゃんは、デキスギ君と「ウイン-ウイン」の関係をつくって、タイプの仕事で生活費を得ることができます。

誰もが自由に分業ができる労働市場では、能力競争で一番にならなくても、比較優位を活かすことで、みんながはたらいて富をつくることができるようになるのです。

コアの（いちばん大事な）仕事以外を誰かにまかせることを「アウトソース」といいます。

マンガ家やミュージシャンなどクリエイターは、本業とは関係のない面倒な仕事を出版社や音楽事務所、税理士・会計事務所などに任せています。

クリエイターは、アウトソースという分業によって、自分がもっとも得意なことに人的資本を集中させているのです。

最近はテクノロジーの進歩によって、いろんなことをAmazonやGoogle、あるいはYouTube

やTikTokのようなプラットフォーマーにアウトソースできるようになりました。

これからの成功者は、こうしたテクノロジーを活用して、上手に分業できるひとなのかもしれません。

人間関係を選択《せんたく》する

分業に大きなパワーがあるといっても、小さな会社より大きな会社のほうが必ず有利だというわけではありません。

会社にも、分業がうまくいっているところと、社員同士の関係がぎすぎすして、ヒドいことになっているところがあります。さらに、人数が多くなればなるほど、組織が複雑になって、分業は難しくなります。

学校のクラス分けと同じで、会社も自分で仲間を選ぶことができません。進級するたびに新しいクラスの友だちとうまくやっていかなければならないのと同じように、会社でも配属された部署の先輩《せんぱい》、同僚《どうりょう》、後輩《こうはい》とうまくやっていくしかないのです。

それに対して、個人で仕事をする「フリーランス（自由業）」なら、自分で仲間を選ぶ（誰と一緒に仕事をするか決める）ことができます。


サラリーマンは安定していますが、人間関係を選択することができません。

フリーランスの仕事は不安定ですが、人間関係を選択できます。

これも「トレードオフ」で、どちらが有利で、どちらが不利ということはありません。

わたしたちは3つの大きな悩《なや》みを抱えています。それは、「健康」「お金」「人間関係」です。

健康は、「タバコを吸わない」「お酒をたくさん飲まない」「運動する」「ちゃんと眠《ねむ》る」などで改善できますが、それでも予期せぬケガをしたり、病気になることはあるでしょう。

それに対して、お金の問題は、お金持ちになれば解決します。お金が有限だという資源制約の問題（トレードオフ）は、お金があればなくなるからです。

人間関係の問題も、自分で人間関係を選択できれば解決します。

親子、きょうだい、夫婦、恋人のように、簡単にやめることができない人間関係もあります。

でも、いじわるなクラスメイトをなぜブロックしてはいけないのでしょうか。LINEなどのSNSでは、かんたんに相手をブロックしたり、好きな子とつながることができるのに……。

会社も同じで、パワハラやセクハラをする上司、足を引っ張ることしか考えていない同僚、仕事はできないのに生意気なことばかりいう部下との不愉快《ふゆかい》な人間関係は、やめてしまえばいいのです。

会社に所属しなければ、会社の人間関係の悩みはなくなります。

日本でも海外でも、さまざまな調査で、収入が多いか少ないかにかかわらず、会社員よりも自営業者（フリーランサー）のほうが幸福度が高いことがわかっています。

もちろん、好きな相手とだけ仕事をするというぜいたくができるひとは限られているでしょう。でも、嫌《きら》いなひと、苦手なひと、いじわるなひととつき合わなくてもよくなるだけで、幸福度は劇的に上がります。

こうして、大きな人的資本をもつひとたちを中心に、会社員からフリーランサーになることが増えているのです。

ステージ8 ハックする

☑ ニッチ戦略を理解する

レベル●

ゲーム8-1

A国ではみんなが白い石2つを100円と交換《こうかん》し、B国ではみんなが白い石4つを100円と交換している。これを利用してお金を増やすにはどうすればいいか？（図42）

このゲームを攻略するには、A国とB国で白い石の値段がちがうことに注目します。
A国では、白い石が2つで100円ですから、1つ50円です。それに対してB国で

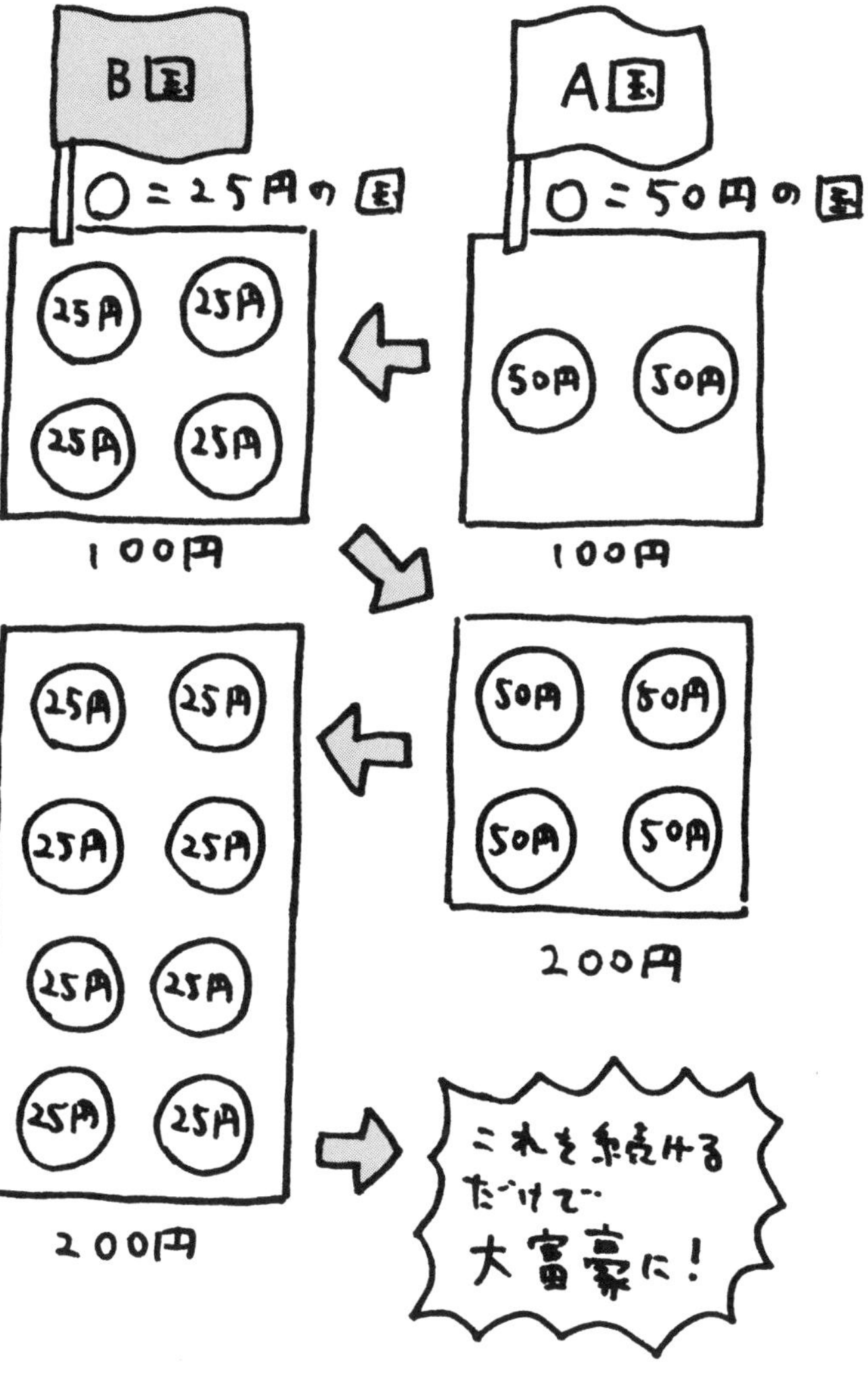

図42　A国とB国の市場

は、白い石が４つで１００円なので、１つ25円になります。

これに気づけば、「安く買ったものを高く売る」ことで、利益をあげることができます。

まず、１００円をもってB国に行きます。石１つは25円なので、１００円で白い石４つと交換できます。

次に、その石４つをA国にもって行きます。A国では石１つの値段が50円なので、４つで２００円になります。この取引で、最初の１００円が倍の２００円になりました。

その２００円でB国の石を８つ買うことができます。その石８つをA国にもっていくと、４００円で売ることができます。この取引で、２００円は倍の４００円になりました。

そこで、４００円でB国の石を16個買い……とこれを繰《く》り返すと、B国の石がなくなるか、A国のお金がなくなるまで、いくらでもお金が増えていくのです。

A国でもB国でも、白い石の値段は同じになるはずです。ところがどういうわけか、異なる値段で取引されています。

こうした歪《ゆが》みを「**バグ**」といいます。バグを利用して利益をあげるのが「**ハック**」です。

このゲームでは、白い石の値段がA国では50円なのに対し、B国では25円というバグがありました。このバグをハックして、B国で25円で買った石をA国で50円で売ることで、いくらでもお金を増やすことができたのです。

99%の習慣に従い、1%の習慣を疑え

なぜこんなに簡単にハックできるのでしょうか。

それは、A国のひとたちが白い石2個を100円と交換することが当たり前だと思っていて、B国のひとたちが、同じ白い石4個を100円で交換することが当たり前だと思っているからです。

どちらの国のひとも、これまで自分たちがずっとやってきたルールを疑うことをしません。

ところがここに、ほかの国では白い石にちがう値段がついていることに気づくひとが現われます。これが**「ハッカー（ハックするひと）」**です。

ハッカーは、みんながごくふつうにやっていることを疑います。だからこそ、A国とB国のあいだのバグに気づいて、大きな富をつくることができたのです。

ステージ4で、「人生のコストを下げるもっとも効果的な方法は、みんなと同じことをすることだ」と述べました。

なぜなら、「みんながやっていること」は、これまでたくさんのひとが試してみて、いちばんうまくいった方法の可能性が高いからです。

でも、みんなと同じことをしているだけでは、みんなと同じ結果にしかなりません。
だとしたら、みんなと差をつけるにはどうすればいいのでしょうか。そのための基本戦略は、次のようにまとめられます。

99%の習慣に従い、1%の習慣を疑え。

99%の習慣に従うのは、うまくいくことがわかっていることを、わざわざ自分で試してみるのは時間のムダだからです。
1%の習慣を疑うのは、全員が正しいことをしているわけではないからです。

みんなと同じことをしたほうがうまくいくからこそ、みんなとちがうことをすると有利になることがあるのです。

どんな仕組みも、複雑になればなるほど、小さな歪み、すなわちバグが生まれます。
ハッカーは、このバグを誰よりも先に見つけて、それを上手に利用する方法を考えます。
それに対して、いわれた仕事をこつこつやっているだけでは、賢《かしこ》いハッカーにどんどん先を越《こ》されてしまうのです。

自分だけのニッチを見つける

自然界には、いろんな生き物が暮らしています。でもこれは、みんなが仲良く食べ物を分け合っているわけではありません。

それとは逆に、自然界は弱肉強食なので、もしも環境《かんきょう》が同じなら、そこで生き残るのはたった1種類の生き物だけになるはずです。

オリンピックの競技に100メートル走しかないとしましょう。そうなると、金メダルをとるのはウサイン・ボルトのような選手1人で、ほかの参加者はみな敗者になってしまいます。

同じ環境で生存競争をするのは、100メートル走しかないオリンピックのようなものです。ゲームの条件が同じなら、勝つのは1人だけなのです。

ではなぜ、自然界ではたくさんの生き物が共存できるのでしょうか。それは、環境に**「多様性」**があるからです。

鳥は空を飛びます。モグラは地面の下にトンネルをつくります。深海魚は、深い海の底で生きています。

これは、オリンピックにたくさんの競技があるようなものです。種目に多様性があると、スポーツ選手は、自分がもっとも得意な競技でがんばることができます。同じように、環境に多様性があると、生きものは自分がもっとも得意な場所で生きていくことができるのです。

深海や土の下のような、ほかの生き物があまりいない環境を「ニッチ」といいます。ニッチは、「すき間」という意味です。

弱い生き物は、同じ環境で競争すれば、強い生き物に必ず負けてしまいます。だからこそ、強い生き物が入ってこれないようなニッチを見つけて、そこで生きていこうとするのです。

仕事も同じで、Google や Amazon のようなグローバル企業《きぎょう》（プラットフォーマー）と同じ条件で競争したら、とうていかなわないでしょう。だったらなぜたくさんの仕事があるかというと、**市場《しじょう》に多様性がある**からです。

強力なライバルのいない、自分だけのニッチを見つけることも「ハック」です。

市場が多様であればあるほど、たくさんのニッチが生まれ、それを仕事にできます。

かつては、素人《しろうと》がテレビ局と競争するなど考えられませんでした。ところが YouTube というプラットフォームができたことで、テレビ番組よりも人気のある YouTuber が何人も誕生することになりました。

将来は、**いくつかの巨大《きょだい》プラットフォーマーと、それが生み出す市場の多様性を利用して、自分だけのニッチを上手に見つけられたひとだけが生き残る世界**が訪れるでしょう。

✤ヒーローテストを学ぶ　レベル●

ここで、「ハックというのはズルをすることではないか」と思うひともいるでしょう。ハッカーというと、他人をだましたり、誰かのコンピュータに侵入《しんにゅう》するようなネット上の犯罪者のことだと思われているからです。

でもここでいうハックは、「法律をちゃんと守っている」ことが前提になります。

ゲーム8-1 では、B国のひとは白い石1つが25円だと思っているので、100円を出せば、喜んで石4つを売ってくれます。

それに対してA国のひとは、白い石1つが50円だと思っているので、喜んで石4つを200円で買ってくれます。

この取引では、誰もだましていないし、なにもズルをしていません。

それでも、ハックがズルに使えることは間違《まちが》いありません。このズルのことを「チート」と呼びましょう。

チートは、ルールを破ってゲームに勝とうとすることです。

サイコロでは、どの目が出る確率も6分の1です。だから、「6が出たら100円をもらい、1が出たら100円を払《はら》う」というのは、公正なゲームです。

でもサイコロを細工して、自分が振《ふ》るときは6が出やすくして、相手が振るときは

1が出やすくなるようにしたらどうでしょう。これがチートです。

チートを使えばゲームに確実に勝てますが、バレるときびしく罰《ばっ》せられます（最悪の場合、逮捕《たいほ》されて刑務所《けいむしょ》に送られます）。

だから、次の基本ルールを覚えておきましょう。


ハックはしても、チートはしない。

クールなハッカーを目指せ

「ルールに違反《いはん》しないようなチートならいいではないか」という考え方もあります。

実際、世の中には、「法律で禁止されていないズル」をして儲《もう》けているひとがたくさんいます。

ルールに違反しなければなにをしても自由だと考えるひともいますが、これではお金を儲けることはできても、評判を獲得《かくとく》することができません。なぜなら、チートはみんなから嫌《きら》われるからです。

人気者になりたければ、チートはしてはいけません。

英語では、カッコイイことを「クール」といいます。

クールなハッカー（たとえばスティーヴ・ジョブズ）はみんなから尊敬され、ものすごく人気があります。

それに対してチートばかりするお金持ちは、SNSで自分のことを検索《けんさく》する（エゴサーチする）と、「ズル」「最低」「嫌《いや》なやつ」など、さんざんな評判ばかりです。チートをすると、「自分だけが楽すればいいと思っている」「他人のことなんてどうでもいいと思っている」〝ジコチュー〟だと思われます。

君は人気者のハッカーと、チートする嫌われ者の、どちらになりたいでしょうか。

ヒーローがしないことはやらない

ルールがはっきり決まっていれば、それに違反しているかどうかは、誰でもわかります。では、ハックと（ルールに違反しているかどうかよくわからない）微妙なチートは、どのように見分ければいいのでしょうか。

ここで勧《すす》めたいのが、**「ヒーローテスト」**です。

マンガやアニメ、映画などなんでもいいので、自分にとっての「ヒーロー」を決めます（いまでは女性の主人公も「ヒーロー」と呼ぶので、性別は問いません）。

ここでは、『ONE PIECE（ワンピース）』のモンキー・D・ルフィを君のヒーローとしましょう。

ヒーローテストでは、なにかをしようとして、それが正しいかどうかわからないとき、「ルフィだったらどうするか？」と想像してみます。

友だちにいじわるをしようと思ったときは、「ルフィだったらどうするか」を考えます。

道で財布を拾って、お金をとっても誰にもわからないと思ったときは、「ルフィだったらどうするか」を考えます。

ウソをついて楽しようと思ったときは、「ルフィだったらどうするか」を考えます。

このようにヒーローテストは、どんなことにも使えて、ほとんどの場合、正しい答えを教えてくれます。

なぜなら、**ヒーローとは「正しいことをするひと」のこと**だからです。

でもこれは、「ヒーローのように振《ふ》る舞《ま》いなさい」ということではありません。町で強盗《ごうとう》を見かけても、ヒーローのように、犯人を捕《つか》まえるために大活躍《だいかつやく》する必要はありません。

ヒーローテストは、**「ヒーローがしないことはやらない」というルール**です。

SNSの時代になって、「正しいこと」と「正しくないこと」をみんながすごく気にするようになりました。

どんな行動や発言も、録音・録画、あるいはLINEのスクショで永久に保存され、いつネットで公開されるかわかりません。

これからはますます、「ばれないようにズルをする」ことが難しくなるでしょう。

だからこそ、「正しくないことはしない」というヒーローテストが、自分を守る効果的な方法になるのです。

✤ SNS社会をどう生き延びるかを学ぶ

レベル●●

親はいつも子どもを、「なんでそんなことしたの?」と叱《しか》っています。

子ども同士でも、「なんでそんなことするの?」としょっちゅうケンカしています。

でもこれは、「理由」を聞いているわけではありません。求めているのは、自分が理解できる説明です。

なぜなら、わからないことはものすごく怖《こわ》いから。

説明責任とはなにか?

ホラー映画では、殺人鬼《き》は理解できない理由で次々とひとを殺していきます。

同じようにわたしたちは、理解できないことをされると、とても不安になります。

だから、「なんでそんなことをしたの?」と相手に説明を求めるのです。これが**「説明責任(アカウンタビリティ)」**です。

これを逆にいうと、「説明できれば許される」ということです。説明によって、相手の不安を取り除いたからです。

横断歩道のないところで道を渡《わた》って怒《おこ》られたとしましょう。

このとき、「近くに横断歩道があることに気づかなかった」と説明できる子どもは、「もうやっちゃだめよ」と許されます。

ところが、うまく説明できずに黙ったままの子どもは、「なんでいつもいうことをきけないの？」とますます怒られてしまいます。これは、黙《だま》っていることが大人をさらに不安にするからです。

ここで重要なのは、説明が正しいかどうかは関係ないことです。ほんとうは、回り道すれば横断歩道を渡れることがわかっていて、面倒《めんどう》だったとしても、それらしい説明をすれば相手は納得するのです。

「そんなのおかしい」と思うかもしれませんが、いまの社会では、こういうことが上手にできるひとが成功していきます。

ネットで炎上《えんじょう》するのは、説明がうまくなかったり、説明できないことをしてしまったからです。

だからこそ、SNS時代には、すべての行動を、つねにアカウンタブルに（説明できるように）しておく必要があります。

あと、ウソを繰り返すと最後はつじつまが合わなくなって、状況《じょうきょう》がどんどん悪くなることも覚えておきましょう。

ウソはコストが高く、正直はコストが低いからこそ、正直はウソに勝《まさ》るのです。

「よい評判を集めること」と「悪い評判を避《さ》けること」

学校のクラスではなぜみんな、自分の評判をあんなに気にしているのでしょうか。それは、小学校なら6年間、中学校や高校なら3年間（中高一貫《いっかん》校なら6年間）、その評判がついてまわるからです。

学校や会社のような「閉じた社会」だと、いったんついた悪い評判をリセットすることができません（就職してから定年までずっと同じ会社にいると、40年以上になります）。

こういう条件で生き延びる唯一《ゆいいつ》の戦略は、「目立たず、規則を守り、失敗するようなリスクをとらず、悪い評判を避けること」です。日本の社会は、ほとんどがこのような組織で成り立っています。

それに対して、悪い評判がついても、新しい場所でやり直せるとしたらどうでしょう。グローバルな市場は「開かれた社会」で、目立たなければ相手にされませんが、悪い評判は（たいていの場合）リセットできます。

こういう条件でうまくやる唯一の戦略は、「できるだけ目立ち、ときにはルールを破ってでも大きなリスクをとり、一発当ててよい評判を獲得する」になるでしょう。

シリコンバレーのベンチャーは、みんなこうやって成功しました（図43）。

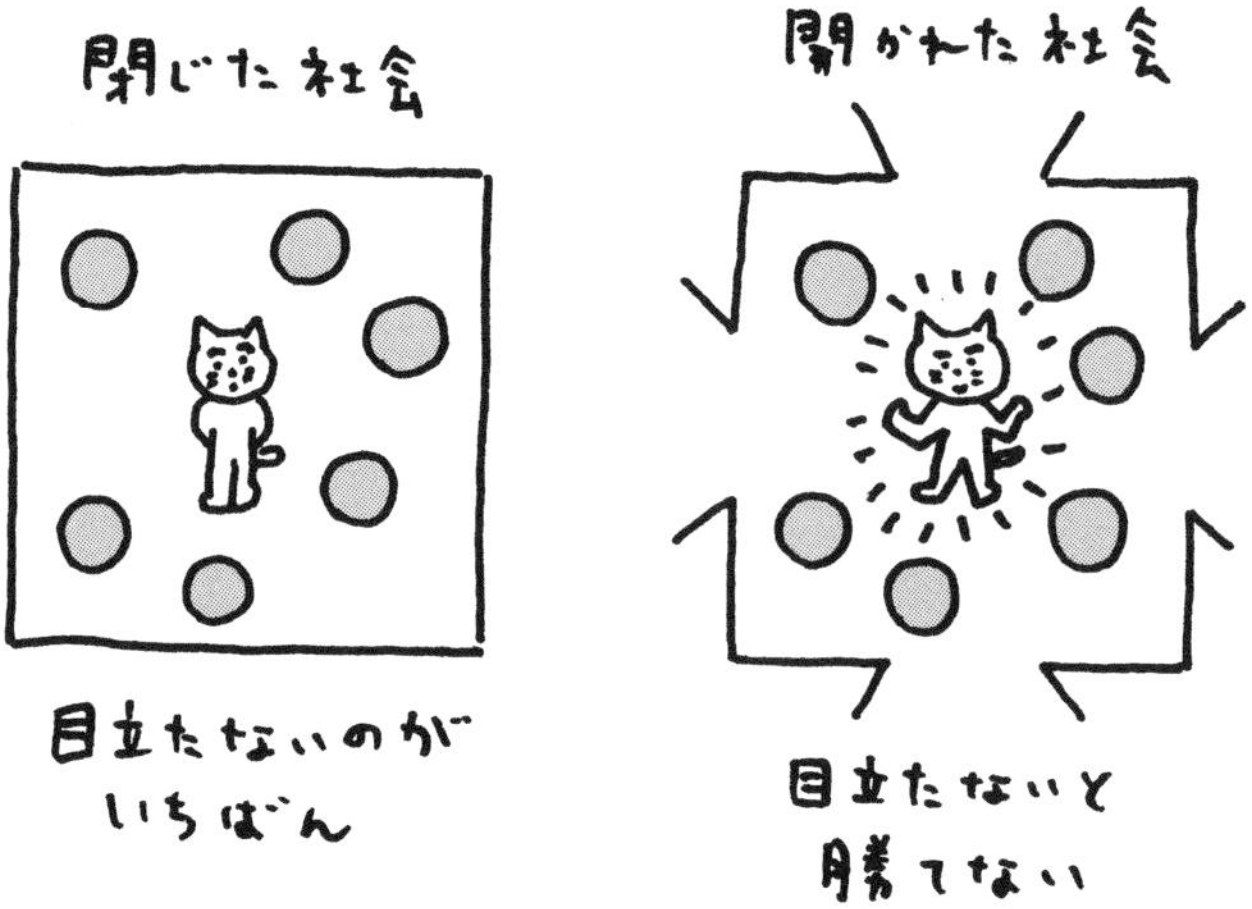

図43　閉じた社会と開かれた社会

いまでは、誰もがＳＮＳで相手の評判を検索しています。

だとしたら、悪い評判がリセットできる環境で何度でも挑戦《ちょうせん》し、そのうち1つでもうまくいけば、それを足場にして、よい評判を積み上げていくべきです。

好むと好まざるとにかかわらず、わたしたちは**「評判がないのは存在しないのと同じ」**というＳＮＳ社会のルールで生きていくしかないのです。

特別ステージ

人生で役に立つ7つの法則

☑ これを知っているだけで人生は楽しくなる

レベル∞

ここでは、ゲームにするのは難しいけれど、なにかの機会に子どもに伝えておいたほうがいいことをまとめておきます。

❶ 100倍の法則

わたしたちはみんな、自分を世界の中心だと「錯覚《さっかく》」しています。

これは、世界が「わたし」を中心に、家族や恋人《こいびと》（愛情空間）、親友、友だち、知り合い（友情空間）、市場《しじょう》での取引でしかつながらない顔も名前も知らないたくさんのひとたち（貨幣《かへい》空間）へと同心円状につくられているからです。

誰もこの錯覚から逃《のが》れることはできませんが、ここから次のような第二の錯覚が生まれます。

・自分に起きたことは１００倍強く感じる
・相手に起きたことは１００倍弱く感じる

ささいな言葉に相手がすごく傷ついたとき、「なんで？」と不思議に思うでしょう。これは、君の言葉を相手がどう感じたのかを１００倍弱く見積もっているからです。その反対に、相手のちょっとした言葉に、この世の終わりのように動揺《どうよう》したり、立ち直れないくらい傷つくこともあるでしょう。これは、君が世界の中心であることによって、相手の言葉が１００倍強烈《きょうれつ》に感じられるからです。

この錯覚を治すのはものすごく難しいのですが、すくなくとも次の２つのことを覚えておきましょう。

①君にとってはどうでもいいようなちょっとしたいじわるでも、相手はものすごく

傷ついて、一生忘れないかもしれない。

②相手の言葉や行動にものすごく傷ついても、それはじつはどうでもいいことかもしれない。

自分が世界の中心だと、自分はつねに正しく、相手はつねに間違《まちが》っていることになります。

でも現実には、どれほど説教や批判をしても、相手が間違いを認めて反省したり、謝ったりすることは（ほとんど）ありません。

なぜなら、相手も自分を世界の中心だと思っているからです。

その結果、相手を批判してばかりいると、どんどん敵が増えていって、いずれブーメランのように、みんなから批判されることになってしまいます。

なにげない言葉にすごく傷ついた相手は、ずっと復讐《ふくしゅう》の機会を待っているかもしれません。

相手が失敗したら、馬鹿《ばか》にするのではなく、「どうすれば次はうまくやれるのか」を教えてあげましょう。

ぜったいにやってはいけないのは、「なんでこんなこともできないんだよ！　バカじゃないの!?」と相手の人格を否定することです。

誰もが死に物狂《ぐる》いになって、自分の人格（アイデンティティ）を守っています。

だから、人格を否定した相手を一生、許すことはないでしょう。

逆に自分が批判されたときは、そのことをものすごく深刻に感じてしまいます。

そんなときは、友だちに相談するのがよい方法です。

友だちは君に起きたことを他人事《ひとごと》として評価できるので、「そんなのたいしたことじゃないよ」「忘れちゃいなよ」とアドバイスされれば、実際にどうでもいいようなことなのです。

❷「奇跡《きせき》は起きない」の法則

自分が世界の中心なら、それは「神」と同じです。

ここから、「特別な自分（なんといっても「神」なのですから）には、特別なことが起きて当たり前」という錯覚が生まれます。

誰もがこの錯覚から逃れられないのは、たくさんのひとが詐欺《さぎ》に引っかかってお金を失っていることからわかります。

詐欺師の話は、「１００万円払ってくれたら、１０００万円儲かる方法を教えます」というような、ふつうに考えればバカバカしいことばかりです。

でも自分が「特別」だと思っていると、そういう「特別」なことが自分にだけは起きても不思議はないと思ってしまうのです。

詐欺師はみんな、このことを知っていて、その錯覚を利用しようとします。

だから、だまされないためにいちばん確実なのは、「奇跡は起きない」**「うまい話は、自分のところにはぜったいにこない」**と肝《きも》に銘《めい》じておくことです。

そうすれば、「100パーセント儲《もう》かる話です」といわれたときに、「だったらあなたが自分でやればいいじゃないですか」と断ることができます。

もうひとつ大事なのは、サバイバルバイアスをつねに意識しておくことです。これは、「サバイバルした（生き残った）ひとにだけ注目して、生き残れなかったたくさんのひとたちのことを無視してしまう錯覚」のことです。

宝くじで3億円を当てる幸運なひとは必ずいますが、1等のくじ1枚に対して、はずれくじはおよそ900万枚あります（しかも、当たりくじのほとんどは賞金300円の5等です）。

「ほら、こんな成功をしたひとがいますよ」といわれたら、その数少ない成功者の背後には、どれだけの敗者がいるかを考えましょう。

引っかかりやすい錯覚に、「あとづけ」の説明があります。「3年前にこの株を買っていたら10倍になった」というように、結果がわかっていることからさかのぼる説明の仕方ですが、これなら誰でも（架空《かくう》の）成功が可能です。

そんなときは、「タイムマシンで過去に戻《もど》れなければ、なんの意味もないですよ」と答えましょう。

奇跡とは、誰かが君のために起こしてくれることではなく、君自身が起こすことなのです。

❸「君は友だち5人の平均」の法則

わたしたちは、無意識のうちに、自分と似たひとを好きになり、友だちになろうとします。これは、進化の過程でつくられた脳の仕様（設計）なので、誰にでもあてはまります。

君の友だちは、君に似ています。ここから、「君は友だち5人の平均」になります。君の友だちがみんな人気者なら、君も人気者でしょう。君の友だちがみんなお金持ちなら、君もお金持ちのはずです。

だったら、人気者やお金持ちの友だちをつくれば、君もそうなれるはずです。でもこれは、うまくいきません。人気者やお金持ちが、君を友だちにしてくれるとはかぎらないからです。

それでも、「君は友だち5人の平均」の法則を知っていると、友だち選びで役に立つことがあります。

友だちを選ぶときは、すこしでも自分より優れた（賢《かしこ》い、人気がある、魅力的《みりょくてき》な）相手を選びましょう。

こうして友だちのレベルが上がると、その影響《えいきょう》を受けて、君もレベルアップできます。

逆に悪い友だちばかりだと、君もどんどん悪くなってしまいます。

この法則はものすごく強力なので、**友だち選びが人生を変えてしまうことさえある**のです。

❹「わたしはわたし」の法則

いつも明るくて、誰とでも友だちになり、なんにでも積極的なひとは魅力的です。でも、努力すれば誰でもそうなれるわけではありません。わたしたちの性格（パーソナリティ）は生まれたときにほぼ決まっていて、簡単には変わらないからです。

明るい性格になれる薬とか、外向的な性格になれる訓練、というのはありません。

これが、「わたしはわたし（ほかのひとにはなれない）」の法則です。

だからといって、がっかりすることはありません。どんな性格にも、よいこともあれば、悪いこともあるからです。

誰とでも仲よくなって、なんにでも積極的な外向的なひとが成功するといわれます。たしかに、政治家や芸能人、ベンチャー企業《きぎょう》の創業者などを見ると、外向的なひとばかりです。

「外向的なひとは成功する」というのは、間違いではありません。でももうひとつの事実は、「ヒドい失敗したひとを調べると、外向的な性格がものすごく多い」です。

これは、外向的なひとが「ハイリスク・ハイリターン」の生き方をしているからです。大きなリスクをとれば、驚《おどろ》くような成功をするひとも現われますが、失敗することもそのぶんだけ多くなります。

それに対して内向的なひとは、「ローリスク・ローリターン」の傾向《けいこう》があるので、堅実《けんじつ》な人生を歩むことができます。

実際、「外向的でないと生きていけない」といわれるアメリカでも、医師やプログラマー、コンサルタントなど専門職の仕事では内向的なほうが成功しやすく、収入も高いことがわかっています。

それと、内向的な性格でも友だちはできます。なぜなら、性格の分布はほぼ均等なので、外向的なひとと同じくらい、内向的なひとがいるからです。

内向的なひとは、エネルギッシュな外向的なひとが苦手で（一緒《いっしょ》にいると疲《つか》れてしまう）、同じ内向的な相手と友だちになりたいと思っています。

内向的なひとが友だちづくりに苦労するのは、パーティなどにもあまり参加しないので、出会う機会がなかったからです。

でもいまでは、ネットやＳＮＳで自分に合った友だちや恋人を探すことができるようになりました。

もうひとつ、大事なことを伝えておきましょう。

「わたしはわたし」の法則から、どれほど魅力的に見えても（きらきらしていても）、自分とまったくちがう相手を目標にしたり、真似したりすることは効果がありません。

内向的なひとが、外向的な成功者をどれほど真似しようとしても、うまくいきません。なぜなら、「わたし」は変えられないからです。

それに対して、**自分に似ている成功者を真似すると、驚くほどうまくいくことがあります。**

なぜならその成功者は、君と同じような性格で、同じような問題に悩《なや》み、それを解決してきたからです。

だからこそ、「君に似ているひと」のアドバイスや生き方は、ものすごく役に立つのです。

❺トライ・アンド・エラーの法則

失敗したら恥《は》ずかしいのは誰でも同じです。でも、なんの経験もなく、すべてを完《かん》璧《ぺき》にできるひとなどいるはずはありません。

上達するには、まずやってみて、失敗することが必要です。そして、なぜ失敗したのかを考え、次はもっとうまくできるように修正するのです。

意思決定理論という難しい学問では、どのような選択《せんたく》（意思決定）をすると成功できるかを科学的に研究しています。いろいろと難しい理屈《りくつ》がありますが、その結論はシンプルです。

成功するにはトライ・アンド・エラーしかない。

成功者は「ワンチャン」で一発逆転したのではなく、小さな失敗を修正しながら、すこしずつ成功の確率を上げていったのです。

そのためにもっとも重要なのは、**「取り返しのつかない失敗はしない」**です。

トライ・アンド・エラーで上達するには、小さな失敗を繰《く》り返すしかありません。大きなリスクをとって大失敗すると、次のトライができなくなるので、そこでゲームオーバーになってしまいます。

スポーツでも勉強でも、上達のためのマニュアルがあります。

これまで何十年、あるいは何百年もたくさんのひとがトライ・アンド・エラーを繰り返して、「こうすればうまくいく」という方法を見つけて、それをまとめたのがマニュアルです。

だとすれば、その方法を最初から自分で見つけようとするのは時間のムダです。マニュアルを効率的に身につけるために、学校や塾《じゅく》があります。あるいは、本を読んだり、YouTube の動画を見たりしてもいいでしょう。

ここで、「2割の努力で8割の相手に勝てるようになる」という話を思い出してください。マニュアルを上手に活用すれば、もっと少ない努力で、もっと大きな成果を手にすることができます。

失敗が恥ずかしいのは、「できるはずだ」とみんなが思っていることが、できないときです。だから、子どもが失敗しても、誰もバカにしたりしません。

子どもはそもそも、いろんなことに失敗するのが当たり前だからです。

だとすれば、子どものときや若いときに、たくさんの失敗をしたほうが人生はずっとうまくいくでしょう。

❻「世界は理不尽《りふじん》である」の法則

誰もが自分を世界の中心だと信じていれば、君の思い通りになるわけがありません。世界はそもそも、理不尽で残酷《ざんこく》なものなのです。

このことは、脳の仕組みから説明することができます。

わたしたちは、楽しいことが大好きで、イヤなことは避けようとします。なぜなら、脳がそうするようにつくられているからです。

脳の仕組みがわかってくるにつれて、「なぜそんなことをするのか」の謎《なぞ》が解けてきました。

脳には「報酬系《ほうしゅうけい》」と呼ばれる場所があり、そこが刺激《しげき》されると気持ちよくなります。すると脳は、同じ行動を繰り返すように学習します。

それとは逆に、痛みを感じたり、不快に思ったりする部分もあります。そこが刺激されると、イヤな気分になるので、同じことを繰り返さないようにしようと学習するのです。

甘《あま》いお菓子《かし》、ゲームやギャンブル、買い物など、楽しいことはすべて、脳の報酬系を刺激します。市場ではいろいろな会社が、君の報酬系を刺激して、お金を払ってもらおうと競争しています。

困ったことに、**不道徳な（ズルをする）相手に罰《ばっ》を与《あた》えても報酬系が刺激される**ことがわかっています。

ネットやSNSは、誰がズルをしたかでいつも炎上《えんじょう》しています。これは、自分が「正義」になって、「悪」をバッシングする（叩《たた》く）のが気持ちいいからです。

さらに困ったことに、**イヤな気分になった（ストレスを感じた）ときは、自分より弱い相手を攻撃《こうげき》すると、気分がよくなる**こともわかりました。

強い者から攻撃されると、その相手と戦うのではなく（負けてしまうから）、その怒《いか》りは自分より弱い相手に向かうのです。

これは40億年の生命の歴史のなかでつくられてきた脳の仕組み（本能）なので、変えることはものすごく困難です。

でも進化論の見方ができるようになると、「なぜこんなことをするんだろう」という理由がわかるので、意地悪にうまく対処できるかもしれません。

❼「恵《めぐ》まれていないほうが人生は面白い」の法則

「おうちにもっとお金があれば、あの子みたいになんでも買ってもらえるのに」と思ったことはありませんか。

ライバルよりもスタートラインが下がる（競争の条件が悪くなる）ことを**「ハンディキャップ」**といいます。

ハンディキャップは本来、あってはならないものですが、社会は平等ではないので、現実には、恵まれた子もいれば、恵まれない子どももいます。

大きなハンディキャップを背負って競争するのは、不公平です。

みんながレベル1から始めるゲームを、マイナス50からスタートするのでは、どんなにがんばっても勝てるわけがない「無理ゲー」になってしまいます。

君がレベル1からスタートできたとしても、レベル80からゲームを始めるような恵まれた子どもがいることに気づくでしょう。

これも不公平ですが、面白いことに、レベル80からゲームを始めるよりも、レベル1からスタートしたほうが、人生はうまくいくようです。

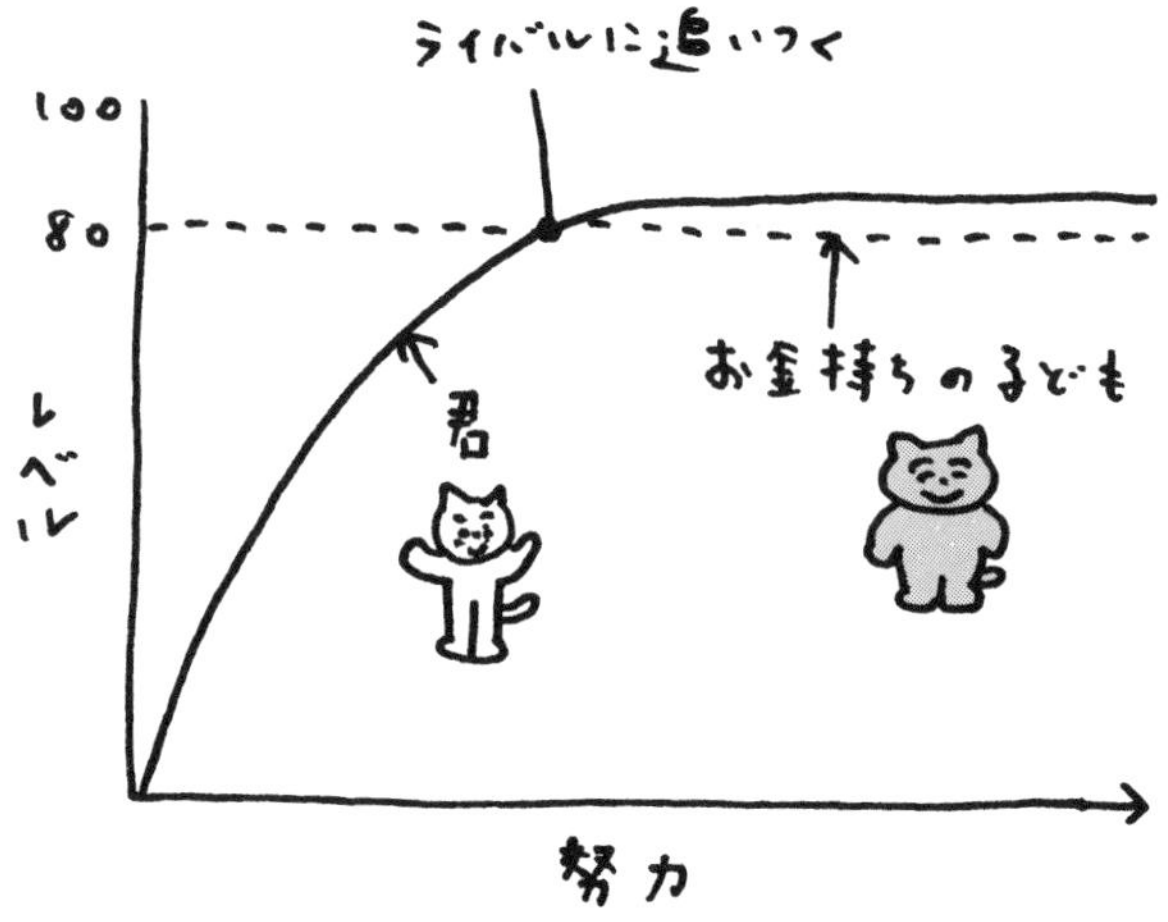

図44　恵まれていないほうが人生は面白い

レベル1から少しずつキャラを強くしていくと、達成感があります。これがロールプレイングゲームの面白さです。

ところがレベル80から始めると、「努力の限界《げんかい》効用逓減《こうようていげん》の法則」によって、そこからレベル90、95へと上げていくのはものすごく大変です。

そうなると、ほとんどの場合、ずっとレベル80のままになってしまいます。

するとそのうち、2割の努力によって、レベル1からスタートしたプレイヤーが、レベル80まで追いついてきます（図44）。

このとき、どちらのプレイヤーが高く評価されるでしょうか？

もちろん、自分のちからで困難を乗り越《こ》えて成長したプレイヤーです。

それに対して、レベル80からスタートした「（恵まれた）プレイヤーは、「なんの成長もしてないじゃないか」とバカにされてしまうのです。

アメリカではいま、恵まれすぎた子どもたちのうつ病が大きな社会問題になっています。

適度なハンディキャップがあるほうが人生の幸福度は高いのです。

「お金持ちの家に生まれたらどんなに幸せだろう」とうらやましく思うときもあるかもしれませんが、じつは君のほうが恵まれているのです。

あとがき

私は10年くらい前からＳＮＳをやっているのですが、あるとき、「ランドセルを背負った女の子が、電車で橘《たちばな》さんの本を読んでいました」と報告してくれたひとがいて、びっくりしました。

それからしばらくして、「小学生の息子に橘さんの本を読ませたら、親子で話ができるようになりました」というひとが現われましたが、「早熟な子どももいるんだな」と思っていました。

私はこれまで、小学生向けの本を書いたことがないからです。ところが最近になって、私立中学の国語の長文の問題に私の作品から出題されることが増えてきました。

中学受験の塾《じゅく》の国語の教材にも使われていて、いまでは多くの小学生が私の文章を読んでくれているようです。

そこで、小学生でも読めるような本を書いてみようと思いました。

本書をひと言でまとめるなら、

人間は合理的ではないからこそ、合理性が大きな武器になる

になるでしょう。

私はこのことに30代半ばになってようやく気づきましたが、それを小学生から知っていたらどうなっていたのか、とても興味があります。

それが、これからの未来を担う多くの子どもたちに、この本を読んでもらいたい理由です。

あと、最近は「金融教育《きんゆう》」が話題ですが、ほんとうに大事なのはここで書いたようなことで、小学生に株の話をしてもなんの意味もないでしょう。

「子どもにこんなことを教えると、冷たい人間になるのではないか」と心配する親もいるかもしれません。

でも、そんなことはありません。ロボットのような人生になんの意味もないことくらい、子どもだってわかります。

それに、愛ややさしさは親であるあなたが態度で示すべきことで、本を読んで子どもに教えるようなものではないのです。

2024年10月

橘《たちばな》 玲《あきら》

［著者紹介］ **橘 玲** たちばな あきら

作家。1959年生まれ。早稲田大学卒業。2002年、国際金融小説『マネーロンダリング』でデビュー。同年、「新世紀の資本論」と評された『お金持ちになれる黄金の羽根の拾い方』（幻冬舎）が30万部を超えるベストセラーに。06年『永遠の旅行者』（幻冬舎）が第19回山本周五郎賞候補。『言ってはいけない――残酷すぎる真実』（新潮新書）で2017新書大賞受賞。著書に『「読まなくてもいい本」の読書案内』（ちくま文庫）、『テクノ・リバタリアン――世界を変える唯一の思想』（文春新書）、『スピリチュアルズ――「わたし」の謎』（幻冬舎文庫）、『DD（どっちもどっち）論「解決できない問題」には理由がある』（集英社）等多数。

親子《おやこ》で学《まな》ぶ
どうしたらお金《かね》持《も》ちになれるの？
人生《じんせい》という「リアルなゲーム」の攻略法《こうりゃくほう》

2024年11月25日　初版第一刷発行
2024年12月20日　初版第二刷発行

著者　橘 玲
ブックデザイン　鈴木成一デザイン室
イラストレーション　佐々木一澄
発行者　増田健史
発行所　株式会社筑摩書房
〒111-8755 東京都台東区蔵前2-5-3
電話 03-5687-2601（代表）
印刷・製本　中央精版印刷株式会社

ISBN 978-4-480-81695-5 C0033 Printed in Japan